U0521184

挑战古人100天 2

云葭 著

北京联合出版公司

图书在版编目（CIP）数据

挑战古人100天. 2, 大宋小民生活日志 / 云葭著. -- 北京：北京联合出版公司, 2023.3（2023.8重印）
ISBN 978-7-5596-6600-0

Ⅰ. ①挑… Ⅱ. ①云… Ⅲ. ①社会生活—历史—中国—宋代—通俗读物 Ⅳ. ①D691.9-49

中国国家版本馆CIP数据核字(2023)第011532号

本书中文简体版权归属于银杏树下（北京）图书有限责任公司

挑战古人 100 天 2：大宋小民生活日志

著　　者：云　葭
出 品 人：赵红仕
选题策划：肖　恋
出版统筹：吴兴元
特约编辑：徐　洒
责任编辑：刘　恒
营销推广：ONEBOOK
装帧制造：墨白空间・张家榕

北京联合出版公司出版
（北京市西城区德外大街 83 号楼 9 层　100088）
后浪出版咨询（北京）有限责任公司发行
河北中科印刷科技发展有限公司　新华书店经销
字数180千字　889毫米×1194毫米　1/32　7.5印张
2023 年 3 月第 1 版　2023 年 8 月第 2 次印刷
ISBN 978-7-5596-6600-0
定　价：72.00 元

后浪出版咨询(北京)有限责任公司　版权所有，侵权必究
投诉信箱：copyright@hinabook.com　fawu@hinabook.com
未经书面许可，不得以任何方式转载、复制、翻印本书部分或全部内容。
本书若有印、装质量问题，请与本公司联系调换，电话010-64072833

自　序

先来说说为什么想写第二部吧。

《挑战古人100天》上市之后，我在微博评论区和私信里一直能收到各种有趣的留言。比如：宋朝人的生活真美好，但前提是得有钱吧，那普通百姓是怎么生活的？宋朝的物价高不高？想在宋朝做个有钱人，月薪要达到多少？想在宋朝活下去，每个月要赚多少钱？宋朝人有没有买房压力，压力大了会不会掉头发？诸如此类。

看到这些留言，我觉得还蛮有意思的，看来无论古今，民生问题都是大家关注的重点啊。其中还有一条令我印象深刻的建议，说第一部中的主人公们，如李小娘子、赵公子等人，既然已经在春日踏青中萌生爱情，为什么不给他们一个美好的结局呢？编辑也说，对啊，那你就接下去写嘛，把这些问题解释解释，再给李小娘子他们写个结局吧。

所以，写第二部的念头就产生了。和第一部一样，这本书没有具体的年代设定，只是很宽泛地把时间背景定在了北宋，目的是把这个年代的种种尽可能全面地呈现。

在搜集大家问题的同时，我边查资料边整理了这本书的目录。

有趣的是，如果说第一部是"琴棋书画诗酒花"，那这一部就是"柴米油盐酱醋茶"了，大部分内容讲的都是宋朝的市井生活，包括民俗、司法、婚嫁、科举等。

我个人觉得，写宋朝人的市井生活，比写他们的娱乐休闲更有趣。就像我跟朋友开玩笑说的那样，我不禁怀疑是不是有人穿越到唐朝末年了，顺便把先进的思想也一并带了过去，因为宋朝人的生活跟我们现代人好接近，而且宋朝有很多人性化的举措。

世界上最早的官方消防队出现在宋朝，张择端在《清明上河图》中就画了当时的消防队员；为了救助看不起病的穷人，宋朝政府建立了免费的医疗机构；宋朝的人口买卖是犯法的，奴仆婢女都是雇佣制；宋朝有平价的国立大药房，有养老院，有职业化的中介，有图书展销会……最神奇的是，宋朝的皇家寺院里开饭店，厨师是和尚，拿手菜是炙猪肉！

在这样一个文化与生活都顺着历史脉络往前大步迈进的年代，出现什么样的奇才都显得理所当然了。李清照、苏轼、欧阳修、王安石、范仲淹、包拯、狄青、晏殊、毕昇、沈括……这些我们耳熟能详的人物，都是在这个时代诞生的，可以说是百花齐放，流芳千古。一时间也说不清，究竟是宋朝成就了他们，还是他们成就了宋朝。

以上种种，都令我对这个朝代充满了向往。现在我把我的这份热爱写出来，希望能感染更多人。

云葭

2022年1月29日

目　录

自　序

早　市 …………………………………… 1
饮　食 …………………………………… 11
店　铺 …………………………………… 21
书　展 …………………………………… 31
雇用人力 ………………………………… 41
物价薪资 ………………………………… 51
房屋租买 ………………………………… 61
祭　祀 …………………………………… 73
消　防 …………………………………… 83
万姓交易 ………………………………… 93
医　药 …………………………………… 103
房屋修缮 ………………………………… 115
生子育儿 ………………………………… 125

汴京民俗……………………… 135
养　老……………………… 147
丧　葬……………………… 157
司法机构…………………… 169
科举制度…………………… 179
兵役制度…………………… 191
放榜日……………………… 201
游　园……………………… 213
婚　嫁……………………… 223

登场人物介绍

李郎

北宋官宦人家的公子,父亲和叔叔都是朝中官员。喜欢书画、下棋,资深香道玩家,汴京知名"美食博主",爱品鉴美食,喜欢写跟美食有关的诗词文章。

周二郎

汴京著名酒楼"会仙楼"正店的茶饭量酒博士(伙计),其兄长周大郎是李郎的仆从,妹妹周三娘是李小娘子家的婢女。周家祖籍在淮南一带,从父辈开始在汴京定居,已经几十年。

李小娘子

李郎的堂妹,汴京著名才女,诗词书画样样精通,茶道高手。李家祖籍杭州,李郎和李小娘子的父亲年轻时升迁到汴京做官,兄弟两家人自此一直在汴京生活。

孙姑娘

生于官宦世家,家中有两位兄长。孙姑娘和李小娘子是闺密,自幼一起长大,爱慕李小娘子的堂兄李郎。孙家祖籍在洞庭湖一带,从孙姑娘的太爷爷一代就在汴京定居。

赵公子

汴京人士,官宦子弟,和李郎是至交好友,和李小娘子有婚约。

早市

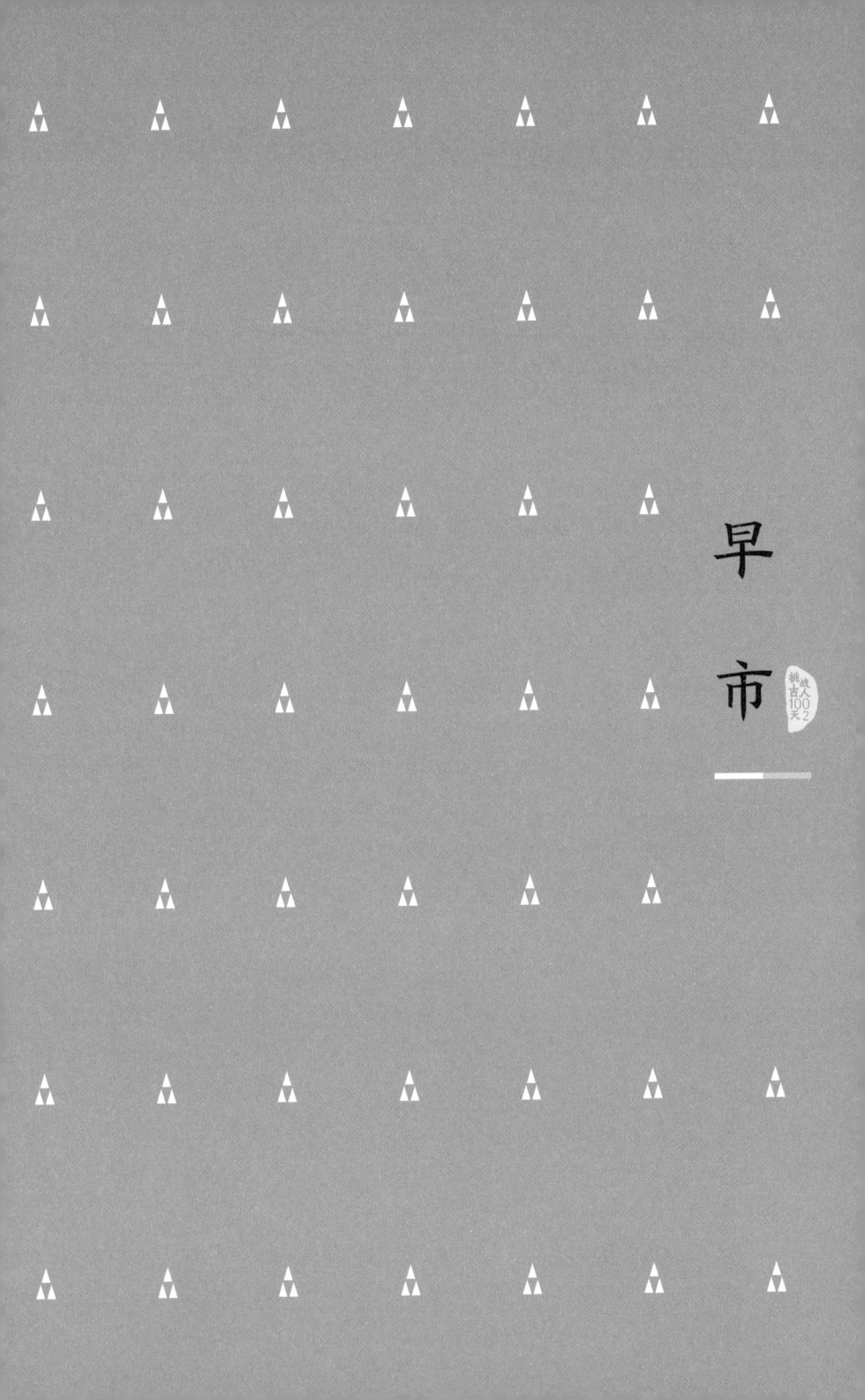

挑战成击100天 2

汴京的早晨，从报晓声中开始

天还没亮，周二郎就从僧人的报晓声中醒来了。负责这一带的报晓僧人叫张头陀，每日五更天，张头陀会一边敲木鱼一边唱佛音，沿街报时，提醒大家天快亮了，该起来干活了。

巷子里，一家又一家的窗户开始映出烛光。周二郎也点亮油灯，麻利地起床穿衣，张头陀的声音还没远去，他就已经洗漱完毕了。

在千年前的北宋，僧人报晓可是十分常见的一种生活习俗，担任报晓工作的通常是附近寺庙中的行者和头陀。这些僧人还会划分彼此的工作区域，他们当中有的人敲铁片，有的人敲木鱼，在各自的地段从事报晓工作。作为回报，他们可以在工作区域内化缘，获得相应的布施。比较有趣的是，有的僧人在报晓的同时还会报当日的天气，以提醒有出门需求的人。不得不说，这一方式大大方便了当时的"上班族"。

周二郎是汴京城著名酒楼——会仙楼的茶饭量酒博士，可别误会，此"博士"非彼"博士"。茶饭量酒博士的工作职责是在酒楼接待客人，帮客人点菜、斟酒、倒茶，放在现如今，大概就是人们常说的酒店服务员了。

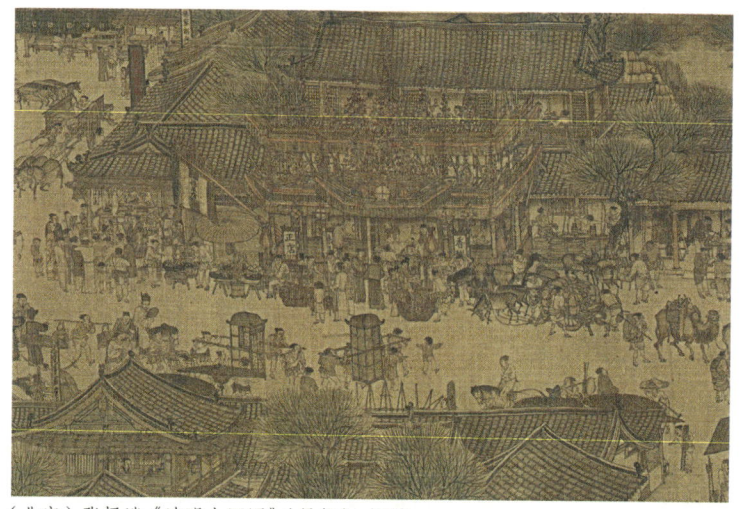

（北宋）张择端《清明上河图》（局部） **酒楼**

  平日里周二郎是不住在会仙楼的。只不过他家在城外头，离上班的地方太远了，而每隔几日就轮到他到酒楼进行所需食材的采购任务，所以每到他采购物资，头天晚上他会住在酒楼的值班宿舍，就比如今天。

  收拾完毕，周二郎打着哈欠，和同住一屋的另一位小厮一起出门了。他们可不是会仙楼仅有的早起者，后厨负责早餐的师傅和杂役也在报晓声中收拾妥当了。厨房亮着烛火，大家洗菜的洗菜，煎茶汤的煎茶汤，井然有序地工作着。

  会仙楼秉承着二十四小时营业制，负责夜宵的工作人员才睡下，"早餐小分队"就已经续上了。酒楼的客人要想喝粥或吃点心，一应俱全，并且价格还实惠，每份不超过二十文钱。如果对粥和点心不感兴趣，附近瓠羹店还有灌肺和炒肺卖。早餐之丰盛，可以说是选择多多了。

除了早餐，会仙楼还出售洗面水给住店的客人。有的客人一早起来要去上班，蓬头垢面出门不合适，为了满足这些客人的需求，各种功能的洗面水就应运而生了。不同的洗面水中加的是不同的药材，它们还被赋予了好听的名字，如"皇后洗面水""御前洗面水"等，功能之多，一点都不比后世的大牌洗面奶逊色。

周二郎作为一个赚基本工资的平头百姓，自然是享受不到这么高端的服务的，但他之前帮同事一起给客人准备过各类洗面水，对药材配方很熟悉。他琢磨着，掌握这门手艺也挺好，将来若是娶妻生子，不在酒楼干了，还能在酒楼一条街摆个小摊，出售各类洗面水。据他观察，这可是一门很火的生意，住酒楼的客人大多出身于富贵人家，他们对洗面水的需求不比早餐低。

周二郎正美美地想着，忽然看见一个熟人从楼梯下来，是朝中官员李大人的独生子——李郎。这位李郎有个漂亮的堂妹，人称李小娘子，是汴京城中鼎鼎有名的才女。巧的是，周二郎的亲哥哥周大郎就在李郎的宅院当仆从，而他的妹妹周三娘，则是李小娘子身边的婢女。

李郎昨夜在会仙楼参加朋友的生日宴，一高兴喝多了，索性在酒楼开房住了下来。他和周二郎一样，也是听到僧人的报晓声就醒了。

周二郎上前一步，笑着打招呼："李郎君早上好呀，怎么不多睡一会儿？"

李郎笑了笑："肚子有些饿了，起来吃早餐。"

"您想吃点什么？我帮您送到房间去。"

"来一份五味肉粥,一份炒肺,再送一份冬瓜洗面水上来。"

"好嘞,您等着,这就给您送去。"

李郎很满意,慢悠悠回房去了。

周二郎给李郎准备好洗面水和早餐,同事早已推着小推车在门口等他了。东方天色渐渐明亮,城门已经打开,他们得尽快去赶早市,不然可就买不到又便宜又新鲜的菜了。

📖 小知识

1. 僧人报晓是宋朝民间的习俗。见《东京梦华录》:"每日交五更,诸寺院行者打铁牌子或木鱼,循门报晓。亦各分地分,日间求化。"报晓工作一般由寺院的杂役和没有剃度的出家人担任,这些人称作"行者""头陀"。

2. 宫廷报晓事宜由专门的"鸡人"负责,如王安石《次韵祖择之登紫微阁二首》:"宫楼唱罢鸡人远,门阙朝归虎士闲。"关于"鸡人"的记载,最早可追溯到周朝。

3. 茶饭量酒博士,即酒店服务人员,见《东京梦华录》:"凡店内卖下酒厨子,谓之'茶饭量酒博士'。"

4. 宋朝酒楼和街市上有各类洗面水出售,《东京梦华录》记载,"亦间或有卖洗面水、煎点汤茶药者,直至天明"。

早起赶集和上朝,大家都是打工人

五更天一到,汴京城的各个城门都按时打开了,在城门口等候的生意人早早地排起队伍,就等着赶一波早市,多赚些辛苦钱。

(北宋)张择端《清明上河图》(局部) **市集**

有人挑着担子，里面放满了凌晨就宰杀分割好的猪肉。有人推车运送各类肉，有猪肉、羊肉等。汴京宰杀牲畜的作坊很多，每天一大清早就有很多做肉类生意的人组团赶集。城里酒楼林立，对肉的需求大，起得早的人往往能卖一波好价钱。

周二郎和同事在集市等到了第一波肉贩的到来，有些肉摊前还冒着热气，显然是刚宰杀不久的。其中有些肉贩认得周二郎，知道他是会仙酒楼的采购，大买家，于是隔着老远就开嗓叫卖：

"新鲜的羊肉、猪肉，便宜卖——"

"上好的羊肉，买多了有折扣！"

周二郎当然不会瞎买一气，他凭着多年买菜的经验，挑选了最新鲜且价格实惠的各类肉，把箩筐装得满满的。唯一不方便的是，卖肉和卖蔬菜水果的集市不在同一处，他们得推着小车去朱雀门外或州桥西面的集市采购蔬菜水果、米面粮食还有做菜的各种香料。集中卖水果的一条街叫作"果子行"，各类时令水果都能在那一排摊位找到。

买完所需的物品，周二郎终于松了口气。天色已经大亮，他们从集市往会仙楼的方向走，一路上看到了各种地摊，售卖药材、小吃、点心等，琳琅满目。

周二郎祖籍在淮南地区，父辈年轻的时候来京都一带做生意，逐渐在汴京城外安顿了下来。他爸总说，还是汴京人会享受生活，小时候在老家哪里能见到这么热闹的早市！正因为如此，在汴京城讨生活的人只要足够勤快，就能靠双手养活自己。

在周二郎逛早市买菜的同一时间，李郎悠闲地吃完了早餐，正在房间里看报纸。这种凌晨出售的报纸叫"朝报"，是民间人士自发组织印卖的报纸，在当下可谓十分流行。只需一份朝报，足不出户就能知道最近发生了什么新鲜事。比如，某官员被皇帝贬斥啦，某将军又打了胜仗啦……

李郎并不急着回家,昨天晚上会仙楼的大厨说要推出一道新菜式,今天上午做好就邀请他下楼品尝。至于为什么要单独邀请李郎呢,因为他是汴京城里出了名的"美食博主",喜欢去各大酒楼吃美食,遇上可口的菜式,兴致上来立刻能赋诗一首。有了李郎的才华加持,食物的美名不胫而走,这才是最好的广告。汴京城酒楼林立,但凡有点名气的酒楼都喜欢李郎的光临,隔三岔五有新菜推出了,也都会邀请他去品评一番。

果不其然,过了没多久,有小厮来敲门,说后厨大师傅请李郎去品尝他新炮制的一道美食。大师傅说,这道菜是用鹿肉烹饪,加了很多西域来的香料,极其鲜美。

李郎正吃得津津有味,不料,却碰见了刚下朝来会仙楼觅食的他爸和他叔。

"老爸,叔叔,你们怎么这个点儿来吃饭?现在离吃中饭还早着呢。"李郎惊讶。

李大人闻见鹿肉的香味,肚子更饿了,他说:"这不刚下班吗!打工人哪有你这么闲,天天在外面吃香的喝辣的。"

小李大人也说:"我跟你爸经常凌晨起床,空着肚子去上早朝,这么多年来吃腻了廊食,当然也想来酒楼解解馋。"

"既然碰见了,那我们就一起吃点吧。"

"这点不够吃,得再加几个菜啊!"

"必须加!"

李郎心想,他爸和他叔虽然是官员,但是跟赶早市做买卖的人一样,大清早起来上班着实不容易。都是打工人,赚的都是血汗钱哪!

恰巧周二郎采办回来了，李郎一招呼，周二郎赶紧端着菜单上前，给金主们提供优质服务去了。

📖 小知识

1. 五更天一到，汴京各大城门打开，赶早市的买卖人涌入城内。其中售卖水果的地方集中在朱雀门外和州桥西面，《东京梦华录》记载："如果木，亦集于朱雀门外及州桥之西，谓之'果子行'。纸画儿亦在彼处，行贩不绝。"
2. 北宋末年，民间就出现了对外售卖的报纸。《靖康要录》记载，"（开封）凌晨有卖朝报者"。
3. 宋朝民间禁吃牛肉，因为牛是农耕主力，十分珍贵，私自宰杀耕牛是犯法的。《宋刑统》规定，"主自杀牛马者徒一年"。猪肉和羊肉是当时人们食用的主要肉类。
4. 古代百官上早朝，退朝后皇帝会赐食于殿前廊下，称为"廊餐"。这一制度一直延续到宋朝。《五代会要·常朝》记载："后唐同光元年十二月，中书门下奏每日常朝，百官皆拜，独两省官不拜；准本朝故事，朝退于廊下赐食，谓之廊餐。"

饮
食

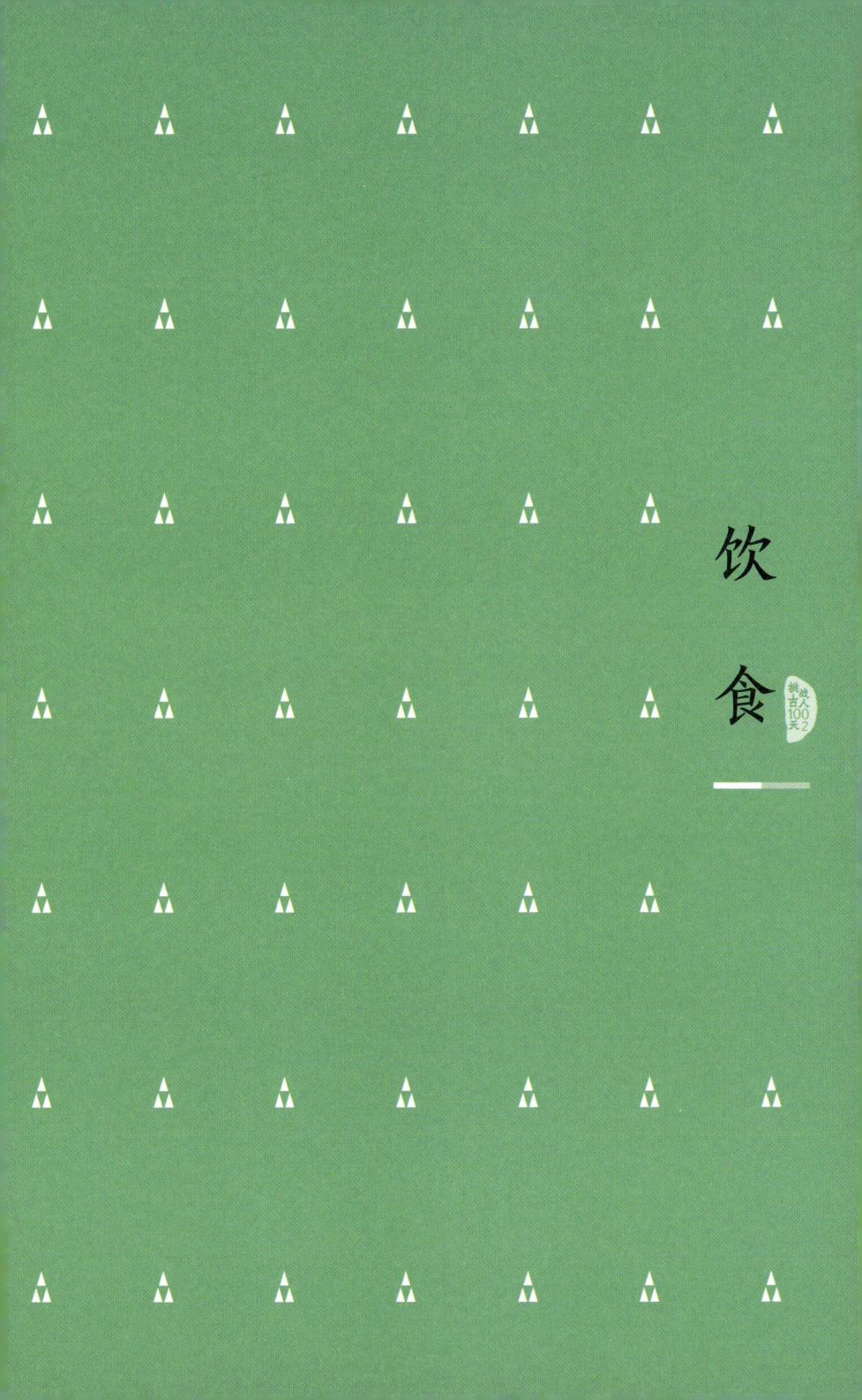

鲜活人
古100
天2

外卖小哥这职业，宋朝很火

这一日，李郎准备办一场家宴，邀请亲朋好友来家里聚聚。至于聚会的原因，不为别的，只因为近来他为了准备科举，每日埋头苦读，很久没见朋友了。再加上前阵子他在会仙楼吃到后厨师傅的新菜式，十分美味，他提前预订了一份外卖送来家里，让朋友们也尝尝。

生活在这个年代，李郎觉得最幸福的事之一莫过于酒楼的外卖服务了，简直太人性化。像他这样忙碌的科举备考生，汴京城比比皆是，平日里如果没时间出门却又馋酒楼的美食，随时叫外卖即可。还有像他妹妹那样的闺阁女子，即便大门不出二门不迈，在家一样可以吃香喝辣。

正惦记着妹妹，他的仆从周大郎前来禀报："郎君，您堂妹和她的闺密来了，马车已经到家门口啦。"

李郎很久没见堂妹李小娘子，还真有些想念，他整理好衣冠，赶紧出门迎接。只见李小娘子穿了一身鲜艳的衣裙，很有"吃席"的隆重感。她的闺密孙姑娘则打扮得更加好看，说是珠光宝气也毫不夸张。

孙姑娘出生于官宦世家，家境殷实，这身行头已经是她相对朴素的了。平时在家里,她身边总有一大堆婢女跟着,众星捧月。今天和朋友私下小聚,所以她比较低调,只带了一个婢女出门。

李小娘子看见堂哥,心情很不错:"哥,好久不见,你又变帅啦。"

孙姑娘也羞涩地上前打招呼,脸颊绯红:"李郎君好呀。"

自从去年城外踏春初见,孙姑娘一直对帅气的李郎芳心暗许。李郎那么聪明的人,孙姑娘的心思他当然是看得出来的。只可惜孙姑娘的家境太好了,李郎他爸担心会出现"齐大非偶"的问题。为了和孙家门当户对,李郎日夜苦读,希望能在科考中脱颖而出,进士及第。

李郎、李小娘子和孙姑娘坐着喝了会儿茶。没过多久,周大郎又来禀报了:"郎君,您的好朋友赵公子也到啦。"

"快请他进来。"李郎笑着看向李小娘子,李小娘子脸立刻红了。就在不久前,赵李两家订了亲,就等科考结束,找个良辰吉日给赵公子和李小娘子办婚礼呢。

赵公子进屋,四个人继续喝茶,闲话家常。约莫过了半个时辰,李郎邀请的其他朋友也陆续到齐了。

李郎吩咐周大郎:"我的朋友都到齐了,快去请我爸妈来客厅入席,让后厨准备上菜吧。"

"好嘞,马上安排。"周大郎赶忙去了。

众人入席,仆人们开始布菜了。今天的晚餐很丰盛,有羊头签、盘兔、三脆羹、洗手蟹、莲花鸭签、决明兜子、姜虾、白肉、胡饼等。李郎的这些朋友大多是富贵人家出身,吃过的美食也多不胜数,可即便如此,他们还是对今天的宴席赞不绝口。

孙姑娘说:"这些菜我以前在其他馆子吃过,但是都没有你们家的好吃。这是从哪个大酒楼叫的外卖?分享一下。"

（北宋）张择端《清明上河图》（局部） **外卖员**

　　李郎笑着回答："是我们自家的厨师做的，我们家厨师以前在太平楼工作过，厨艺很好。不过我今天确实叫了一道外卖，算算时间应该快到了。"

　　话没说完，周大郎进来禀报，说会仙楼订的外卖到了。

　　前来送外卖的正是周大郎的弟弟周二郎，昨日李郎在会仙楼订了这道新菜式，他可是掐着时间精准送达的。

　　周二郎打开食盒，从里面端出一盘冒着热气的炖肉："各位郎君娘子好，这是李郎君在我们酒楼订的鹿肉。新品上市，我们老板说不好吃不要钱，大家趁热吃哦。"

且不说鹿肉香味四溢，盛肉的盘子也十分精美。在会仙楼吃过饭的人都知道，他们的餐具都是成套定做的，十分讲究。

李郎很满意，给了周二郎一些小费。周二郎喜滋滋的："各位慢用，餐具我明天来取，再见啦。"

宴席继续，宾主尽欢。吃完饭，大家又相约去瓦肆看了傀儡戏表演，一直嗨到后半夜。

📖 小知识

1. 宋朝酒楼的外卖服务已经非常成熟，张择端的《清明上河图》中就画了一位送外卖的伙计，一手拿着筷子，一手端着碗，非常生动形象。吴自牧在《梦粱录》中记载："市食点心，四时皆有，任便索唤，不误主顾。"

2. 不仅民间百姓会点外卖，皇帝也有点外卖需求。如《东京梦华录》记载："诸般市合，团团密摆，准备御前索唤。"意思是说，（灯会期间，晨晖门有皇帝的御用看位）附近卖各色小吃的摊位很多，都是给皇帝点吃食准备的。

3. 上文提到的菜式，"羊头签、盘兔、三脆羹、洗手蟹"等，均出自《东京梦华录》，是宋朝酒楼的常见菜式。

4. 会仙楼的餐具十分讲究，孟元老在《东京梦华录》中的《会仙酒楼》这一篇就有写："如州东仁和店、新门里会仙楼正店，常有百十分厅馆动使，各各足备，不尚少阙一件。大抵都人风俗奢侈，度量稍宽。凡酒店中，不问何人，止两人对坐饮酒，亦须用注碗一副，盘盏两副，果菜楪各五片，水菜碗三五只，即银近百两矣。"

一日三餐，我们吃得很丰盛

由于准备得太充分，李家办完家宴剩余了许多小吃点心，有胡饼、熟肉饼、炙鸡、召白藕等。正好第二天周大郎放假回家陪家人，李郎就让他把这些食物全部打包回去，让家里人也一起尝尝。

周大郎十分感恩，打包完毕，他拎着食盒开开心心回家去了。

周家的父母在祆庙斜街一带做小买卖，平日里都很忙，这一天儿子难得放假，老两口都早早收了摊。回家前，他们特地去寺桥金家店打包了一些南方吃食，他们的老家在南方，从小吃惯了米饭，即使在汴京生活了几十年，他们还是改不掉从小养成的口味。

周大郎陪父母吃了中午饭，下午天气好，他们又抽空去街市置办了一些日常用品。太阳快下山的时候，周二郎和周三娘也都回家了。

周三娘是李小娘子的婢女，李小娘子听堂哥提起今天要给周大郎放假，于是做了个顺水人情，让周三娘也回家跟父母兄长聚个餐。周二郎则是跟同事换班，请了半天假回来的。

天色渐渐暗了下来，周三娘帮忙摆放晚餐的餐具。今天的晚饭很丰盛，食物分为两大类：一类是北方人爱吃的面食，一类是南方人爱吃的米食。这种情况在家里出现，周三娘一点都不觉得奇怪。她的父母是典型的南方人，虽然也能接受面食，但时常会去南方馆子打包饭菜。周家三兄妹都是在汴京出生的，饮食习惯跟大部分北方人一样，无面食不欢，尤其是饼类。

要说这汴京老百姓的主食，当然是各种饼啦。除了胡饼，还有蒸饼、汤饼等。胡饼指的是用火烤的饼，就是现在新疆一带随处可见的馕；汤饼则是下到水里煮的面食，即面片汤；蒸饼指的是用笼屉蒸熟的饼，也就是后世所说的馒头。宋仁宗赵祯继位后，因为蒸饼的"蒸"和"祯"读音相近，为了避他的名讳就改成了炊饼。没错，《水浒传》中武大郎卖的炊饼，其实也属于馒头一类，只不过宋朝的馒头会在里面夹一些馅儿料，比如羊肉馒头。

一家五口人围着餐桌津津有味地吃饭，周爸爸忍不住感叹："我们现在的生活真好啊，听我爷爷说，以前的老百姓很穷，每天只吃两顿饭，哪里有晚饭一说，更别提夜宵了。"

周二郎补充："是的，唐朝有宵禁制度，晚上没人出门。现在的夜市灯火通明，到处都是小吃摊，不吃夜宵都对不起这个富裕的年代。"

"而且我们这个年代多方便啊，"周大郎说，"咱爸妈做生意忙，平日里没时间做饭，街市上随便找家店就能买到又便宜又好吃的食物，南食北食应有尽有。不仅如此，酒店还提供外卖服务。我们可太幸福了。"

周二郎说："你是幸福了，我就累了。你都不知道我每天要送多少份外卖！"

周三娘听了，掩嘴笑："我们家李小娘子就很喜欢叫外卖，面食和米食她都爱吃。不过她怕胖，吃得少，每次都会给我们这些婢女分享美食，我可有口福了。"

一家人说说笑笑，吃得很满足。

饭后，周二郎告别父母，准备回去加夜班了。会仙楼生意好，业务繁忙，他晚上还有个夜宵的外卖单要送。

📖 小知识

1. 关于蒸饼，如《靖康缃素杂记》记载："凡以面为食具者，皆谓之饼。故火烧而食者，呼为烧饼；水瀹而食者，呼为汤饼；笼蒸而食者，呼为蒸饼。"《青箱杂记》记载："仁宗庙讳贞（应作'祯'），语讹近蒸，今内廷上下皆呼蒸饼为炊饼。"

2. 宋朝以前，由于粮食收成有限，普通人家一天只吃两顿。到了宋朝，人们生活日益富足，一日三餐才开始成为平民百姓的生活习俗。

3. 宋朝食店遍布，且价格不高，商贩人家都在店里买吃食，不在家做饭。如《东京梦华录》记载："市井经纪之家，往往只于市店旋买饮食，不置家蔬。"

4. 北宋时期，汴京是人口流动量极大的大都市，汇集了来自全国各地的美食。因南北方人饮食差异大，汴京城有专门的"北食"和"南食"店。《东京梦华录》记载："北食则矾楼前李四家、段家爊物、石逢巴子，南食则寺桥金家、九曲子周家，最为屈指。"

店铺

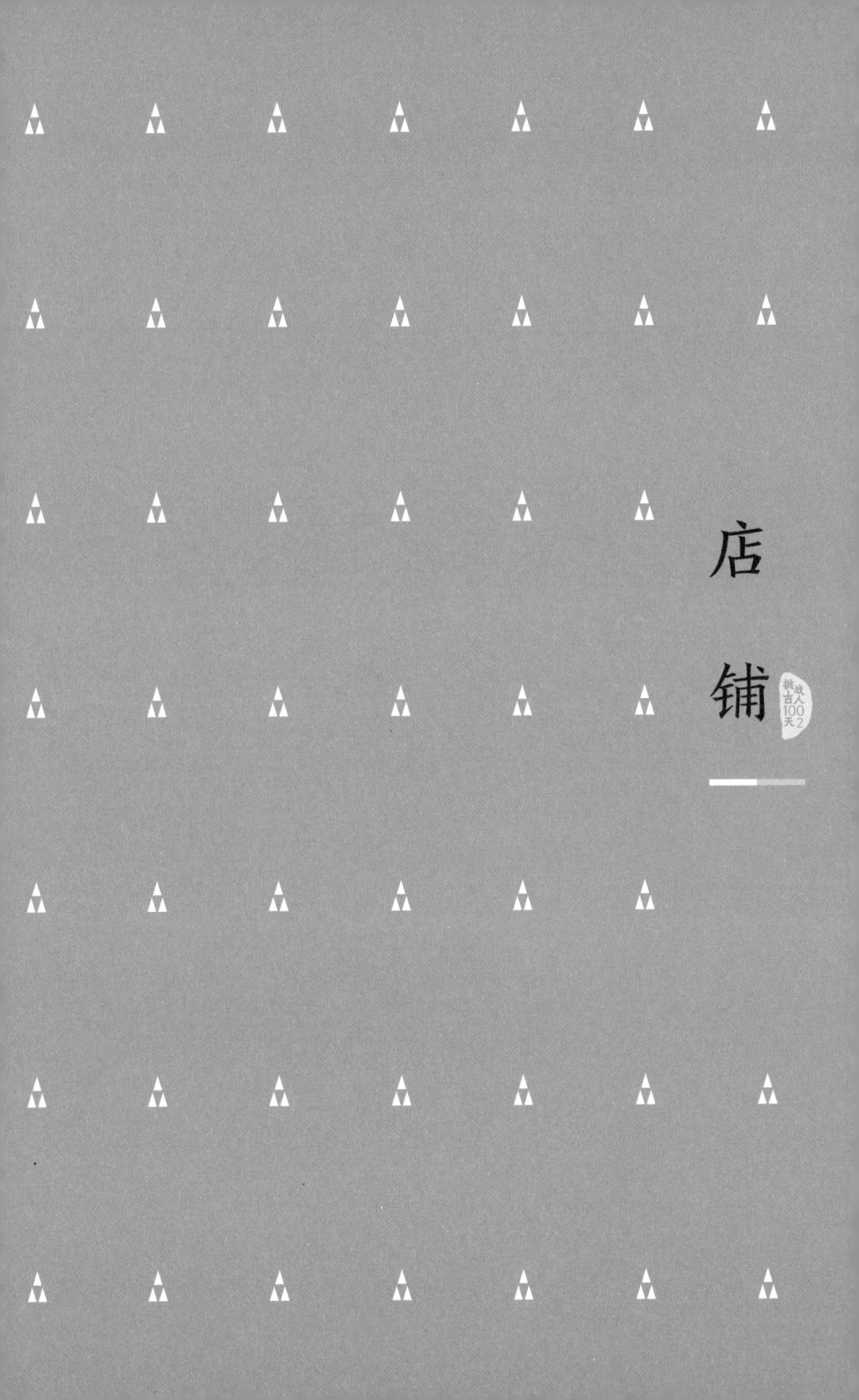

挑战100天 成人2

在汴京城逛街，都逛些啥

李郎今天起得早，他准备去大相国寺附近的书店一条街逛逛，淘一些古籍回家。他爸上完早朝回来，碰见他正要出门，就让他顺便帮个小忙——官服上的腰带坏了，需要拿去专门的店铺修一下。

李郎领了老爸布置的任务，带着仆从周大郎一起上了马车。他今天工作量有点儿大，除了要帮他爸修补官服腰带，他还得帮她妈去买一些礼佛用品。每逢初一十五，他妈都要去大相国寺烧香，相关用品需要提前准备。

大相国寺殿后的资圣门一带，还有寺庙的东门大街上，有汴京城内很火的图书市场。李郎经常跟赵公子相约来这里逛书店，为了准备科举考试，他们这两年可以说是博览群书。李郎尤其爱看历史类的古籍，时常看得如痴如醉，手不释卷，有时候还会枕着书睡觉。

李郎很庆幸自己生在这个年代。宋朝以前，因为印刷术没有普及，书籍多靠人工抄录，所以书店也少。哪像现在这么方便啊，想看什么书，集市上逛一圈，基本都能找到。

逛完书店，李郎又去了佛具用品店。大相国寺是汴京人口集中区域，店铺林立，不少摊子和店面都出售礼佛用香，还有印制的佛像画。

在某家佛具用品店内,李郎偶遇了好朋友赵公子。赵公子和李郎一样,也是来帮他妈妈和奶奶采购礼佛用品的。除了这些,他还想去买个香炉。

"昨天晚上焚香的时候,不小心把我最喜欢的香炉打碎了,我要去买个新的。"赵公子说。

李郎笑了笑说:"那我们顺路,可以结伴同行。我也想去买一些香料。"

"难得出来逛街,我还想去首饰铺子看看,下个月我奶奶过生日啦,我想给她定做一套头饰和耳环。"

"你提醒我了,我婶婶的生日也在下个月,那我也顺便去给她挑个礼物。"

二人结伴逛了一大圈,虽然很累,但是收获颇丰。在首饰铺子里,他们碰见了李小娘子和孙姑娘。孙姑娘的婢女手里拎着大包小包,显然没少花钱,这是她的购物常态,李郎已经见怪不怪了。

"哥,你们也来逛街吗?"李小娘子打招呼,"都买了些什么啊?"

"买了很多日用品,还有书。"李郎让仆从给堂妹展示了一下自己的战果。

"我们也去了书店,最近流行的话本子可好看了,我和孙姑娘一人买了好几本。"

李郎猜,这俩人肯定又买情情爱爱的闲书看了。他又问:"下个月你妈过生日,你给她买礼物了吗?"

李小娘子点头:"当然,我给她定做了一套豪华礼服,很有排面的,保证她满意。"

赵公子问她:"你们还要去哪里逛吗?"

"该买的都买齐了,前面有一家猫食店,我们要去给宠物猫买点儿小鱼干。"

赵公子想起来了,孙姑娘家一直是有养猫的,而李小娘子去年也从太平楼聘了一只小奶猫回去。这姐俩是出了名的猫奴,对猫的爱护程度可见一斑。

于是,两位男士又陪姑娘们去猫粮店逛了一圈。李小娘子和孙姑娘给猫花钱毫不手软,买了不同种类的小鱼干,一样一袋。

大家逛累了,孙姑娘提议找一家茶馆歇歇脚。

宋朝茶文化鼎盛,时人爱喝茶,无论是在家招待朋友还是出门

(北宋)张择端《清明上河图》(局部) **茶馆**

逛街歇脚，都喜欢来一杯茶。因此，汴京城的茶坊随处可见，一点儿不比当代的咖啡厅少。

　　李小娘子是茶道高手，对茶的品鉴能力很强。她推荐了一家她们平日里去得比较多的茶坊，大家坐了下来，点了两壶茶，边喝茶边吃点心。到了午饭时间，他们又去附近的樊楼酒店大吃了一顿。

📖 小知识

1. 宋朝以前市面上的书店很少，因为多靠手抄。唐朝中后期，雕版印刷术发明并普及，书籍才逐渐走向商业化。北宋庆历年间，毕昇发明了活字印刷术，这对中国古代图书文化的发展有着里程碑式的意义。

2. 宋朝商品经济繁荣，汴京城内商铺林立，大相国寺一带是各类店铺的集中区域。《东京梦华录》载："寺东门大街，皆是幞头、腰带、书籍、冠朵铺席，丁家素分茶。"

3. 汴京城还有专门售卖猫粮和修补官服腰带的店铺，此外还有制作盘香和印制佛像的作坊。《东京梦华录》记载："若养马，则有两人日供切草；养犬，则供饧糟；养猫，则供猫食并小鱼。其锢路、钉铰、箍桶、修整动使、掌鞋、刷腰带、修幞头帽子、补角冠、日供打香印者，则管定铺席，人家牌额，时节即印施佛像等。"

4. 两宋茶文化得到空前发展，汴京城和临安城中，茶坊随处可见，且名字也很有趣。比如，俞七郎茶坊、朱骷髅茶坊、郭四郎茶坊、张七相干茶坊、黄尖嘴蹴球茶坊、一窟鬼茶坊等。

5.《清明上河图》详细描绘了北宋的各类商铺,如"王家纸马"(纸马店)、"孙羊正店"(酒楼)、"久住王员外家"(旅店)、"香饮子"(饮料店)、"刘家上色沉檀拣香"(香料店)等。

想开店做生意，需要提前考察

近来天气不太好，动不动就下雨。周二郎在会仙楼门口迎接客人，每每看见街上穿蓑衣戴斗笠叫卖的小贩，就会想起他爸妈。

周妈妈平时在祆庙斜街和朱雀门一带摆摊，售卖香囊、扇子等女儿家的常用物品。周爸爸则是一个鱼贩子，每天推着车沿街叫卖活鱼。这种做生意的形式虽然灵活，但是一到刮风下雨或者太阳暴晒的日子，露天摆摊的劣势就出来了。而且周爸爸的腿有旧疾，天一冷膝盖就疼，如今上了年纪，不适合再去走街串巷了。

周二郎心疼爸妈，于是找机会跟哥哥妹妹商量了一下，想凑钱给爸妈租一个店铺。这样一来，他们就不用风吹日晒地做生意了。

周大郎赞同弟弟的提议，他有时候陪李郎去逛街，看见城里大部分店铺的生意都挺好，刨去房租还能有不少营业额。只要不是闹市区或者面积太大的铺子，他们努努力还是可以承受的。

打定主意后，兄妹三人一致决定，先去各个商业区考察一下，看看开什么店既适合自己爸妈又能多赚些钱。周大郎和周三娘在深宅内院工作，平时能出门的机会不多，于是这个艰巨的任务就落在了周二郎身上。周二郎心想，他去买菜或者送外卖的路上，可以多留意，看看各类店铺的营业现状。

第二天凌晨,周二郎去赶早市,特地观察了肉行、鱼行和饼店的生意情况,因为这三类店铺是他接触最多也最熟悉的。

肉行需要的人手多,尤其需要壮年人。每家肉行门口都会摆几张桌案,案前站三五个掌刀的人,顾客想要什么样的肉,他们就得用不同的切法,比如厚切、薄切、细抹。有些肉行还出售熟肉,熟肉一般在傍晚上市。

周二郎觉得,若是经营肉行,他们家人手不够,周妈妈也干不了切肉的活儿,而且雇用切肉的劳工又是一笔不小的开支。因此,肉行暂不纳入考虑范围。

鱼行看起来就比肉行亲切多了。周二郎进了店里,认真打量了一圈。卖鱼所需的铺面不大,放得下养鱼的桶就行。所有活鱼都用浅抱桶装着,清水浸养。偶尔客人不多的时候,鱼行的伙计会去街上叫卖。碰上冬天天气冷了,黄河的鱼也会运到汴京来卖。

出了鱼行,周二郎又去附近的饼店逛了一圈。比起肉行和鱼行,饼店的竞争才是最激烈的。油饼店会卖蒸饼、糖饼等多种食物,胡饼店的花样则更多。并且,饼店的分工很细,有擀面的、切面团的、捏花的、烤饼的,需要的人手比肉行还要多。

除了以上这些店,集市还有不少卖小吃点心、卖书画、卖首饰的店铺,营收都不错。尤其是食店,一到饭点儿就会有很多人光顾,生意不要太好!

周二郎私心觉得,要是能开一间茶坊就再好不过了,茶坊人流量大,活儿也相对轻松。不过汴京城生意好的茶坊大部分在人流密集区,店铺租金很贵。很多茶坊为了吸引客人,还会雇用说书人在门口摆摊说书。以周家的经济条件,暂时租不起太贵的铺面,也没有多余的钱雇用人手。退而求其次的话，可能鱼行更适合他们家，毕竟周爸爸常年做贩鱼生意，轻车熟路。

周二郎把自己的所见所闻总结了一下，准备回家反馈给他爸妈，等周大郎和周三娘得空回家，大家再讨论一下，争取早点把租店铺的事提上日程。

📖 小知识

1. 唐朝实行坊市制度，住宅区和商业区分开。到了北宋，坊市制度取消，商业活动融入了住宅区，店铺也越来越多，方便了百姓生活，从事买卖的百姓也更多了。

2. 宋朝女性也可从事商业经营，如《宋史资料萃编》记载："九市官街新筑成，青裙贩妇步盈盈"；《梦粱录》中提到的"一窟鬼茶坊"，就是由一位被称作王妈妈的女性经营的。

3. 关于肉行，《东京梦华录》记载："坊巷桥市，皆有肉案，列三五人操刀，生、熟肉从便索唤，阔切、片批、细抹、顿刀之类。至晚，即有燠爆熟食上市。"

4. 北宋汴京城中饼店大致分为油饼店和胡饼店，《东京梦华录》中提到了两家生意最好的饼店，"唯武成王庙前海州张家、皇建院前郑家最盛，每家有五十余炉"。

书展

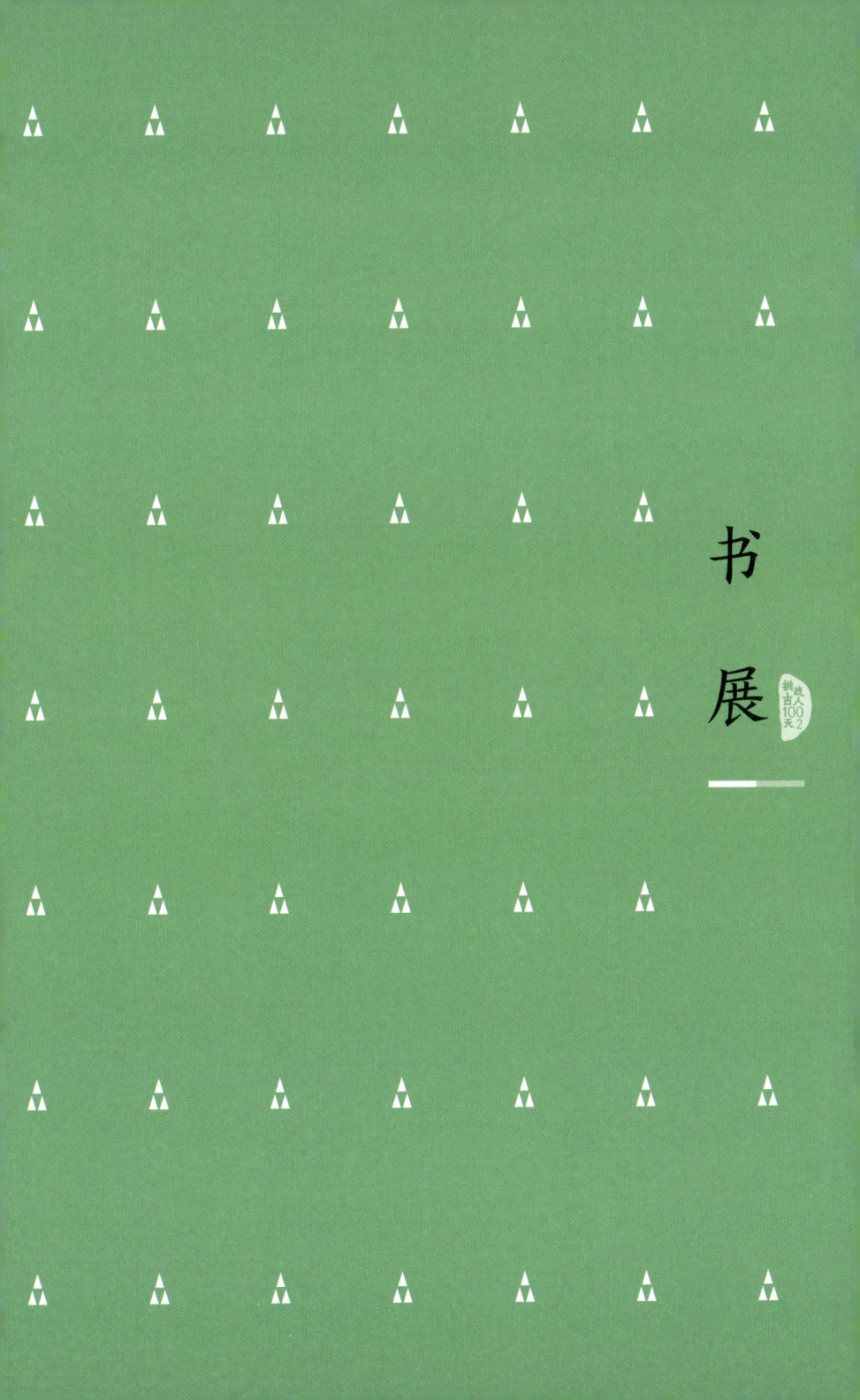

挑战古人100天 2

去逛皇家书展,茶水免费还管饭

李郎今天有些抑郁,因为他爸去逛皇家举办的大型书展了,官方名字叫作"曝书会"。可是呢,这个书展只对朝中部分官员开放,他这种闲散人士是没有入场券的。他好几次听他爸提起,说皇家"曝书会"是个名副其实的珍宝展览会,不仅有历朝历代的书籍文献,还有名画、古琴、古董……

"唉!"李郎心里苦。作为一个文化人,他对这种展览会有多向往,只有他自己知道。

哦不,或许还有一个人知道……

正想着,仆从周大郎进来禀告,说赵公子和李小娘子来做客了。李郎愣了一下,心想这俩人怎么一起来了,难不成他们今天出门约会了?

李小娘子和赵公子一前一后进来,李郎放下书本,开心地迎了上去。三人坐下喝茶,聊了会儿天,果然如李郎猜测的那样,他的妹妹和好哥们儿刚从瓦肆看戏回来。赵公子想起今天是皇家曝书会的第一天,猜测李郎心情会郁闷,特地来探望他。

"我就知道,你能懂我的心情。"李郎心中苦涩,"我可太羡慕我爸了，天底下有几个人能见到皇家图书馆的藏书啊！听说能看到不少孤本和手抄本，还有人见过王羲之的真迹呢！"

"可不是嘛，我也很羡慕。"赵公子附和。他和李郎一样，都是妥妥的书痴，看见珍惜的古籍会走不动路。

见俩人如此这般的遗憾，李小娘子不禁疑惑，皇家曝书会究竟是怎样一个存在，能让他们这么向往？

要知道，以往的每个朝代，平民百姓乃至朝中官员，从理论上来说一辈子都无法踏入皇家图书馆，除非是皇族成员或者受特殊恩宠的重臣，才有这样的资格。但是到了宋朝，事情有了转变。因为"曝书"这一书籍防霉防虫蛀的习俗，慢慢演变成了一个品评书画古玩的大型学术交流会。

曝书会期间，皇帝会允许部分官员前来参观，诸如馆阁职、大学士一类的官员，比如苏轼。而皇家曝书会的时间跨度也很长，从农历五月一日一直延续到农历八月。文人学士在这段日子里可以说是大饱眼福了，对他们来说，这实在是太难得的机会——馆藏多年的古籍和真迹会在这一时候重见天日。苏轼就曾在曝书会上见过王羲之的《十七帖》，回家后意犹未尽，赋诗一首以表内心激动之情。

这也就是为什么，李郎和赵公子会对皇家曝书会如此心驰神往了。

赵公子给李小娘子解释完，李小娘子恍然大悟："天啦，这简直就是爱书之人的盛宴，我也好想去。"

"这种机会不是人人都有的。我爸每次参加曝书会回来还会朝我炫耀呢，说他大饱眼福加大饱口福。"

"大饱口福又是什么意思？"

李郎解释："皇家曝书会上提供茶水瓜果，受邀官员看累了可以边吃喝边休息,休息完了又可以继续欣赏书画。不仅如此,皇帝还会设宴款待大家,美酒佳肴应有尽有,可不就是大饱口福嘛!"

赵公子酸了:"这样的好事,什么时候能轮到我们啊!"

李小娘子笑着说:"你们好好学习,争取进士及第,在朝中任个一官半职,就有机会啦。"

"妹妹说得有道理!"

"哦对了,我们来找你,可不只是想安慰你的。"赵公子说,"虽说皇家曝书会我们没有机会去,但是民间藏书家举办的图书沙龙,我们还是可以期待一下的。有兴趣吗?"

"有这等好事?"

"有位姓胡的文人兼土豪,家中藏书万卷,很多还是前朝的手抄本呢。他家的藏书楼是对外开放的,有远道而来的士子去参观,他还会包食宿,简直是文化界的慈善家啊!"

"那还等什么,我们赶紧去!"李郎迫不及待了。

"别急,人家的藏书楼不在城内,我们收拾收拾行李,明天一早出发。"

"好嘞!"

三人一拍即合,约定明天一早在朱雀门集合。这事一定下来,李郎心情豁然开朗。

📖 小知识

1. 古人为了防止书籍发霉虫蛀,会定期把书拿出来翻晒,由此演变成了后来的图书展览会——曝书会。这一习俗自汉代就有,如《四民月令》记载:"七月七日,暴经书及衣裳,不蠹。"

2. 北魏时期,贾思勰在《齐民要术》一书中,对曝书这一过程进行了详细阐述:"五月湿热,蠹虫将生,书经夏不舒展者,必生虫也。五月十五日以后,七月二十日以前,必须三度舒而展之。"

3. 宋朝的皇家曝书会一般举行三个月,五月开始,八月结束。如《蓬山志》描述:"秘省所藏书画,岁一曝之,自五月一日始,至八月罢。"其中"秘省"指的就是掌管皇家藏书的秘书省。

4. 苏轼曾官拜大学士,因而有资格去皇家曝书会参观。他见到王羲之《十七帖》后,写诗赞叹道:"三馆曝书防蠹毁,得见《来禽》与《青李》。"

民间也有书展兼学术交流会

早晨起来,李郎兴致勃勃赶到朱雀门跟大家集合。他是最早到的,和赵公子在马车中等了一会儿,李小娘子才姗姗而来。

李小娘子是闺阁女子,除非是约了去寺庙烧香,不然她很少起这么大早。不过为了能欣赏到心心念念的藏书和字画,她强忍着困意,迷迷糊糊来到了朱雀门。

李郎见妹妹哈欠连连,忍不住调侃她:"怎么,你这是没睡醒?"

"岂止是没睡醒,我感觉我这一路睁着眼睛在做梦,太困了。"

"初一我们去大相国寺烧香,起得比今天还早呢,也没见你困成这样。"

"还不是因为要去见那位大名鼎鼎的胡公,想到他家的万卷藏书我就兴奋,一兴奋,我就睡不着啦。"

李小娘子口中的胡公,就是昨天他们提到的藏书楼的主人。主人姓胡,因其比较年长,又有学识,大家都尊称他为"胡公"。

听了李小娘子的话,赵公子忍俊不禁,其实他跟李小娘子差不多,从昨天决定要去胡公的藏书楼开始,心情就一直没平复过。三人上了马车,分享了一下彼此喜欢的书籍类型,还有对这位胡公的了解。

赵公子给大家介绍说，胡公早年一直在汴京做官，退休后搬到了周边的小镇隐居。他从年轻的时候就喜欢收集各种书籍，偶然发现了珍惜的手稿，他甚至会用金银玉器去交换。就这么日积月累的，胡公的书越来越多，他为了收藏书，斥巨资买了一栋宅子。到了六十岁，胡公退休不再做官了，就把京城的房子都卖了，在安静的小镇上建了一栋高级景观别墅，又在家附近建了一栋藏书楼，名为"万象书斋"。

李郎若有所思："万象书斋这个名字好，胡公的意思应该是，书中自有天地万象。果然是位爱书之人啊，佩服他。"

"是的，而且胡公很大方，他觉得好书就是给天下知音看的，与其放在不见天日的楼阁，不如让更多人看见，学习其中的知识。很多文人士子听说了他的事迹，不远万里前去拜访。胡公热情招待，留他们在书斋看书，还经常举办读书交流会呢。今天就是夏季交流会的第一天。"

李郎和李小娘子听了，都迫不及待想快一点到万象书斋。

马车颠簸了两个时辰，一行人终于抵达了胡公的万象书斋。有客人远道而来，胡公很高兴，热情地接待了他们。等到三人做了自我介绍，胡公很惊讶，笑着对李小娘子说："你就是汴京城的李小娘子啊，我读过你写的文章，真的太妙啦，不愧是才女！"

胡公对李小娘子十分赏识，他给大家介绍了各个书馆的藏书名录，甚至把他很少给人展示的书画都拿出来给他们欣赏了一番。李郎和赵公子觉得自己沾了李小娘子的光，虽然高兴，但也暗暗立誓，一定要努力学习，学霸不能只有李小娘子一人！

参观了一圈，大家走到了藏书楼的会客厅，李郎顿时惊了，这里居然有这么多人！看穿着打扮还有说话口音，他们应该是来自全国各地的文人。只见这些人有的在认真看书，有的在跟人讨论诗词文章，有的在拼命做笔记……

胡公看到大家这么认真，非常开心，让仆从们给客人准备茶水、瓜果和点心，吃饱了继续交流学术。

"你们大老远来了，今晚就在我家住下吧，我让人收拾客房。"胡公说，"好不容易见到知音，我得跟你们好好探讨探讨，天下文章有多精妙，三言两语可说不完。来，我们开始吧！"

胡公携李郎三人入座，和学子们一起高谈阔论，气氛十分融洽。

交流会结束后，李郎又去各个书馆参观。果然如赵公子所说，这里有好多珍贵的手稿，无论是前朝知名学者，还是本朝当红书法家，都能找到一二。李郎如饥似渴地阅读，恨不能在这里住上三天三夜。

到了晚上，胡公设了宴席招待大家。他非常欢迎热爱书画的人来这里学习，和他交流学术。他花那么多精力举办胡氏读书沙龙，为的就是将大中华的文化发扬光大。

📖 小知识

1. 司马光家中藏书万卷，他特别擅长保存书籍，深谙曝书之道。《梁溪漫志》记载："司马温公独乐园之读书堂，文史万余卷，而公晨夕所常阅者，虽累数十年，皆新若手未触者。尝谓其子公休曰：贾竖藏货贝，儒家惟此耳，然当知宝惜！吾每岁以上伏及重阳间，视天气晴明日，即设几案于当日所，侧群书其上，以曝其脑。所以年月虽深，终不损动。"

2. 北宋初期，国子监主簿胡仲尧就是一位有名的藏书家，他建有华林书院一座，藏书万卷，并对天下学士开放。《宋史》记载："累世聚居，至数百口。构学舍于华林山别墅，聚书数万卷，大设厨廪，以延四方游学之士。"

3. 北宋知名藏书家宋敏求，因其对外开放藏书，学者们都想搬去跟他当邻居，导致他家附近房价暴涨。《曲洧旧闻》中记载了这事："居春明坊时，士大夫喜读书者，多居其侧，以便于借置故也。当时春明坊宅子比他处僦值常高一倍。"

雇用人力 _{挑戰成人100天 2}

缺人干活怎么办？找中介

遇上一个好天气，李小娘子和父母去了李郎家中做客，一大家子凑在一起商量大事。

事情是这样的，李家祖籍在杭州，因兄弟俩仕途不错，多年来一直在京中做官，很久都没回老家看看了。前几年他们的老父亲来汴京看病，可惜病得太严重，没多久就去世了。他们的母亲李老夫人担心自己水土不服，这些年一直留在老家生活。

按照现在这状态，李家兄弟有可能这辈子都会留在汴京。因此，兄弟俩决定把李老太太接到京中养老，共享天伦。李老太太体谅儿子们的一片孝心，自然同意了。

几天前，李家兄弟收到了老家来信，说李老太太已经登船了，不久就能抵达汴京。兄弟俩一合计，决定让老太太在两家轮流住，一边住一年，方便大家照顾她。

那么问题来了，老太太从老家来汴京，会带很多行李，需要工人去码头帮忙搬运；老太太年纪大了，身体也不是很好，需要有人贴身照顾……

两家都缺人干活啊，怎么办？这时候就需要大宋中介公司出马了。

李郎说:"大家放心,明天我就让周大郎去找行老,雇几个劳工帮奶奶搬运行李。再让牙人物色两个勤快的婢女,照顾奶奶的日常生活。"

周大郎赶紧说:"好嘞,保证完成任务,明天一早我就去!"

行老指的是专门介绍职业的人,牙人则是古代买卖双方的中间人。这两类人也就是现如今常说的中介,主要负责人力雇用。

第二天天刚亮,周大郎就出门了,他先去找了弟弟周二郎。会仙楼生意好,经常会有雇用人力的需求,所以周二郎跟行老打交道多,关系很铁。

周二郎一听他哥的需求,说:"巧了,我今天正好也要去找行老帮忙雇酿酒师和厨房杂役。"

"你们会仙楼后厨的杂役不是挺多吗,怎么还要雇人?"

"唉,没办法,生意太好了,根本忙不过来。"周二郎叹了口气,"仓库里的酒也卖得差不多了,再不去找酿酒师酿新酒,客人就得跑光了。"

"你这话说得太凡尔赛了!不过会仙楼的酒确实好喝,李郎的堂妹李小娘子就很喜欢喝这里的酒。"

"对对对,我还给李小娘子送过外卖呢。"

兄弟俩一边闲聊,一边步行去了行老家中。这位行老也姓周,每次见周二郎他都觉得特别亲切。听了兄弟二人的诉求,周行老拍胸脯保证:"给我半天时间就行,我保证把人给你们找来。价格公道合理,童叟无欺,你们放心!"

周大郎意外:"半天就能找到人?靠谱吗?"

"我干这行这么多年,那可是有口皆碑的,从来没人说过我不靠谱。不信你问你弟。"

周二郎点头表示赞同。

周行老又说:"而且我们团队还有售后服务,我介绍的人万一有手脚不干净的,不管偷了什么东西,我们都会负责追回损失,让客人拥有十二分的满意。"

"好强大的售后!就找你了!"

周大郎满意极了,当场付了定金。然后他们又在周行老的推荐下找了一个他相熟的牙人,牙人说的话跟周行老差不多,说明天就领几个婢女去李家面试,让李家人亲自挑选。

干完李郎交代的活儿,周大郎安心地回去交差了。

📖 小知识

1. 雇佣制度自古就有,到宋朝已经非常成熟了,深入各个领域,如农业、工业、娱乐业等,负责人力介绍的中介组织也应运而生。《东京梦华录》记载:"凡雇觅人力、干当人、酒食作匠之类,各有行老供雇。觅女使(婢女),即有引至牙人。"

2. 南宋时期,杭州城的雇佣中介更加发达,涵盖的行业也更多,如《梦粱录》记载:"凡顾倩人力及干当人,如解库掌事、贴窗铺席、主管酒肆食店博士、铛头、行菜、过买、外出儿……"而且中介组织还提供相应的"售后服务","俱各有行老引领,如有逃闪,将带东西,有元地脚保识人前去跟寻"。

3. 除了劳工和杂役可以随时雇用,若是家中有祭祀需求,还可以雇用僧人、道士来家中诵经祈福。

4. 奴隶买卖在宋朝是不合法的,宋朝的奴婢也不是主人家的私有财产,两者间是雇佣关系。雇用奴婢需要签订契约,标明年限、工钱等,法律还规定了雇用的最长年限,"在法,雇人为婢,限止十年"。

宴会没有气氛组？找中介

李小娘子的母亲李夫人的生日马上就要到了，孙姑娘向李小娘子提议，趁着她还没嫁人，在家给她妈好好办一场宴会，热闹热闹。

"不然等你明年出嫁了，想给你妈尽孝都没那么多机会了。"孙姑娘调侃。

李小娘子脸一红，嘴上不承认："谁说我明年要嫁人了？你可别胡说啊！"

"哟，还不让人说呢，那你别嫁人啊！"

"没有心情跟你开玩笑，快谈正事。你说，我怎么给我妈办生日宴比较好？"

"那当然需要雇气氛组啊，奏乐的、唱歌的、跳舞的，一个都不能少。还得雇个手艺好的厨娘，准备一大桌子珍馐美味，让来宾们都瞧瞧，什么叫作排面！"

李小娘子一听请厨娘，吓得直摇头："雇乐人可以，厨娘就算了，太贵。"

"雇个厨娘很贵吗？我怎么不知道。"

"很贵。"

"我爸去年生日的时候请了个厨娘做宴席，当时你也在，还记得吗？她手艺是真好，每道菜都美味无比，我到现在都还惦记着那些菜式呢。本来还想推荐给你，好让我有机会再大吃一顿。"

"别，你们家有钱，我们家真用不起。"

孙姑娘觉得好可惜，错过了一个品尝美食的机会。

李小娘子之所以一听请厨娘就怵，当然是有原因的。宋朝雇用厨娘的价格极高，根据史料记载，请一个好的厨娘操办宴席，得给人支付"钱或至三二百千"。要知道当时雇用一个奴婢，平均每年也不过四五十贯钱。

以下插播一个宋人洪巽在《旸谷漫录》中写到的小故事：

宝祐年间，一个退休的太守因为怀念京中美食，就请人帮忙物色了一个在京中工作的厨娘。没想到这位厨娘的派头极大，到了之后没有直接去太守家，而是修书一封，让太守抬轿子去接她。太守要面子，就用轿子把厨娘抬了回来。

到了试菜环节，太守点了一道羊头签和一道葱韭，说需要做五人份的量。谁知，厨娘要求的食材是羊头十个，葱五斤。因为她只用羊脸肉和葱最中心的部分，其余的全部扔掉。她说那些是碎料，不配给贵人吃。厨房其他工人很惊讶，觉得厨娘太浪费了，把她丢掉的羊头肉捡回来备用。厨娘看不上他们的做法，嘲讽了一顿，说他们是捡肉吃的狗子，把大家气得够呛。

当然啦，厨娘做的菜肴肯定是非常好吃的。那些菜被众人吃得干干净净，太守也得了面子，十分满意。饭后，厨娘把她以往在别的官员家所得的赏赐清单给太守看，让太守照此支付费用。太守一看，惊呆了，因为单子上写着，厨娘给人操办宴席得到的赏赐，有的达到数匹绢，有的达到二三百千钱。太守硬着头皮支付了昂贵的赏钱，但他也知道自己雇不起这样的厨娘,找了个借口把她送走了。

综上所述,像李小娘子这样的普通官员家眷,舍不得"斥巨资"雇用厨娘也很正常。

可如果不雇用厨娘,该怎么置办宴席呢?李小娘子思考了很久,决定找堂哥李郎帮忙。李郎家的厨子手艺很不错,做的菜跟大酒楼比也毫不逊色,如果能让他们家的厨师来帮忙做饭,既能解决宴席问题,又能省一大笔钱。

"我妈朋友多,她的生日宴有很多人来参加,绝大部分是朝中大臣家的贵妇。"李小娘子愁容满面,"为了我妈的面子,酒席肯定不能凑合。可是我们家厨子做不出太多硬菜,他一个人也忙不过来。请厨娘太贵了,我舍不得大出血,只好找你借人了。"

李郎一向疼爱妹妹,听了李小娘子的来意,毫不犹豫就答应了。

李小娘子很开心:"谢谢哥,好羡慕你家有个会做硬菜的厨师。"

李郎说:"小意思。还有别的需求吗?尽管开口。"

"孙姑娘说,生日宴得有气氛组……"

"好办,我一会儿就让周大郎去找牙人。乐人、舞女、歌女……牙人都能帮找来。你回家等我消息。"

"哥,你简直无所不能,有你真的太好了。"

李小娘子开心地回家了。有了李郎帮忙,她基本不用操什么心,安心等待牙人推荐乐人和舞女上门即可。

📖 小知识

1. 北宋时期,乐人的雇用已经十分普遍了,如《东京梦华录》记载:"市学先生预敛诸生钱,作社会,以致雇倩祇应、白席、歌唱之人。"

2. 宋朝雇用厨娘，尤其是在富贵人家工作过的厨娘，价格十分昂贵。当时很多人家生了女孩会悉心培养，甚至一度产生重女轻男的局面，《旸谷漫录》记载："中下之户不重生男，生女则爱护如捧璧擎珠。"

物价薪资

歧人古100天2

想在宋朝做有钱人，月薪要达到多少

这一个月来，李家兄弟忙着安顿李老太太，又是雇用杂役和奴婢，又是翻修房屋，添置家用，里里外外花了不少钱。李郎备考之余帮他妈管了几天账务，他不由得感叹，想在这个年代过好日子，开销还真不小呢。

午后，李小娘子来李郎家探望奶奶，两个年轻人坐在凉亭喝茶，边喝边闲聊。

"哥，多亏了你帮我雇用乐人，还解决了厨子的问题。我妈对她的生日宴十分满意，说明年也照着这个配置来。"李小娘子高兴之余，有一点点惆怅，"就是花钱太多了。"

李郎点头："确实，雇用乐人、舞伎，价格都不低呢。还好我爸不是享乐主义者，不然在家中养歌舞伎，那可是一大笔开支。"

"你要是想享受舞乐，我们改天可以去孙姑娘家做客。她家乐人舞伎加起来有几十人呢，而且个个技艺出众，不比在瓦舍演出的大明星差。"

"好啊，改天我去见识见识。"李郎说，"瓦舍的艺人收入高，碰上大明星演出，门票翻倍。

确实，宋朝娱乐业发达，乐人、歌伎、舞女等收入都不低。据记载，宋孝宗时期一名在瓦舍演出的知名歌伎，最高日薪能达到二十多贯钱。也就是说，只需一年半，这名歌伎就能实现"家财万贯"。一贯钱等于一千个铜钱（一千文），二十贯就是两万个铜钱。而当时普通百姓的日收入是一百文到三百文不等。

普通歌舞伎、乐人的收入当然没有上述"明星"这么高，但是跟普通百姓相比，他们绝对是高收入人群。

除了娱乐场，许多达官贵人家里也会养歌伎、舞伎。少则几人，多则数十人。著名词人辛弃疾家中就有十几个歌伎、三十几个舞伎。不用说，这肯定是一大笔开支。

了解完从艺人员的薪资，李小娘子又问李郎："你雇人帮奶奶从码头搬运行李回家，花了多少钱？"

李郎说："雇搬运工人的开支，正常是一天两百文左右。但如果路途遥远，或者遇上恶劣的天气，还得再给工人加一点儿。我们雇了三个人，码头到我家不算远，行老帮讲了价，总共花了五百文。"

"那雇婢女呢？"

"雇一个普通婢女，需要支付的年薪大概是四五十贯。如果想找有经验的，可能还要贵一些。我们刚给奶奶找的那两个婢女，加起来每年开支大概一百贯。"

李小娘子陷入了沉思。她算了一笔账，她家和李郎家情况差不多，仆从、婢女、杂役等，加起来有二三十个。按照雇用人力的平均工钱来算，每年需要支出一千三百到一千四百贯钱。他们去普通酒楼吃一次饭，需要四五百文；去豪华酒楼吃顿大餐，需要一两千文；在家办一次奢华宴会，需要花费大几千文……

"这么说来，家里每年的开支确实不小。"李小娘子说，"逢年过节和朋友去大酒楼吃宴席，价格可高了。还有我和我妈的首饰、服装、化妆品……都得花钱。"

李郎赞同："是啊，我这几天帮我妈管账，也发现了这个问题。还好你爸和我爸的工资不低。"

"是的，我听我爸说过，除了分配的职田，我们家有商铺、房屋、庄子，家中经商收入比他们工资高得多。"

"还好还好，虽然不能跟孙姑娘家比，但是我们已经过得很滋润了。"

想到了各自老爸的收入，两兄妹又稍微放心了些。

宋朝官员的俸禄跟其他朝代相比，算是非常高的。比如宰相、枢密使等最高级别的官员，每个月俸禄是三百贯，此外还有各种津贴，如衣物、粮、茶、酒、炭、盐等补贴，甚至连喂马的草料钱、随身人员的衣服粮食钱等，公家全包。以上合计，一级官员的月收入至少有五六百贯，可能还不止。

再看最低级别的官员，如县丞、县令，月俸禄是十几贯，加上各类津贴，他们每个月的收入能达到几十贯，朝廷还会给他们分配职田。所谓职田，就是属于官员但租给佃户种的地，佃户每年的收成是要按需上交的。

介于上述二者之间的普通官员，月收入至少也能达到一百贯，这还不包括实物补贴、职田等。值得一提的是，宋朝很多官员都参与经商，在那个商品经济高速发展的年代，经商收入远比俸禄要来得高。

聊完家中的收入和开支，李郎向李小娘子建议，她可以慢慢向她妈学习算账了，毕竟以后嫁了人，这些都得她来管。想要在这个年代保证优渥的生活，压力还不小呢。

📖 小知识

1. 宋朝经济发达，官员的俸禄也是历朝历代中最高的。根据《宋史·职官志》记载，官员俸禄大致分为正俸、加俸、职田三类。各类补贴包括茶、酒、厨料、薪、蒿、炭、盐，以及喂马的草料钱、随身差役的衣粮伙食费等。

2. 《宋稗类钞》记载，一位生活于宋孝宗时期的歌伎因为技艺超群，还会谱写曲子，平均每天的收入能达到二十多贯。

3. 关于雇用婢女，司马光的友人曾给他写信借五十万钱（五十万个铜钱，也就是五百贯），说那不过是他雇用一个婢女的钱。司马光回信说："某家居，食不敢常有肉，衣不敢纯有帛。何敢以五十万市一婢乎？"根据宋朝基本法典《宋刑统》规定，"自今人家佣赁，当明设要契……在法，雇人为婢，限止十年"。也就是说，在司马光那个年代，雇用一个婢女十年是五百贯。

4. 宋朝商业发展迅速，人们对商人的认知发生改变，商人地位得到了极大的提升。如范仲淹所说："尝闻商者云，转货赖斯民。远近日中合，有无天下均。上以利吾国，下以藩吾身。"商业群体也从普通百姓延伸到了朝中官员。

想在宋朝活着,每天要赚多少钱

为了准备租商铺开店,周二郎这几日一直在跟父母商量家中开支,看他们能承受多贵的房租。

晚上在饭桌上,周爸爸问周二郎:"儿子,你在会仙楼上班,每天赚多少钱啊?会仙楼可是汴京城数一数二的豪华酒楼,工资应该比普通酒楼高吧?"

"对啊,汴京城大部分酒楼跑腿的伙计,平均每天工资二百六十文,我们老板给我开二百八十文。"周二郎很骄傲,"而且我的服务总是会让客人满意,经常能收到打赏。有时候运气好,一天能碰见好几个大方的客人,他们给我的赏钱加起来有上百文呢。"

每天工资二百八十文,一个月就是八千四百文,加上客人给的赏钱,周二郎的平均月收入是八千六百文左右。会仙楼包员工三餐,周二郎平时除了买买换洗衣服,生病了看病买药,嘴馋了买点儿零食水果,偶尔给自己加餐吃顿好的,基本没别的大额开支。所以每次发工钱,他都会拿一半出来给父母,剩下一半留着自己花。

周妈妈又问:"那你知道你哥和你妹每天赚多少钱吗?"

周二郎想了想,说:"李家雇了我妹十年,总价五百贯,所以我妹每天的工资是一百四十文左右。我哥赚多少我不清楚，他俩的工作种类差不多，工资应该也差不多吧。但是他们俩工作没有我辛苦，员工福利也都比我好啊，不仅包吃包住，主人家高兴了会给赏赐，逢年过节还会发红包。你们可能不知道，李家人大方着呢！李郎来会仙楼吃饭的时候，经常给我赏钱。"

"噢，原来如此。这么说来，你哥和你妹每天都赚一百四十文左右，对吧？"

"理论上是这样的，但我觉得加上补贴和赏钱，应该有一百五十文吧。"周二郎说。他想了想，又问，"爸，妈，那你们摆摊做生意，赚得多吗？"

周爸爸说："还行吧，有时候生意好，每天赚两三百文，有时候生意不好，不到一百文。平均下来，每天一百三十文左右。"

周妈妈说："我比你爸少一些，平均每天赚一百文的样子。"

"那我们家每天的花销是多少啊？"

"我算算哦。现在米的价格是八文钱一升，布的价格是五百文一匹，街上买馒头小吃之类的，一顿大概花十五文钱。你们兄妹三人都不怎么回家吃饭，我和你妈每天两个人吃三顿，主食吃馒头胡饼米饭，再买点儿小菜，偶尔来点儿肉，一天吃饭的开销是七八十文。加上买衣服、看病、茶叶、酒水、柴米油盐、房租……哎呀，家里平均每天要花一百六十文！你知道的，汴京一带的房租不便宜呢，物价也高。"

"还真是不少呢！"周二郎有些意外，家中的花销比他想象的要高一些。爸妈辛苦摆摊一天赚的钱扣去必要支出，再扣去进货用的钱，结余真没多少了。他以前不怎么问这些，最近向朋友同事打听了一圈才知道，他的收入在平民百姓中算比较高的。那些常年经受风吹日晒的小商贩，每天赚一两百文，生意最好的时候也才三百文左右。至于搬运货物的杂役、劳工等，每天的工钱是两百文上下，但他们的工作比在酒楼招待客人要累得多，而且还不包食宿。

"这么看来，在物价高的汴京城生活，想不挨饿受穷，每天赚的钱不能少于一百文啊。"

"是啊，京城物价高，"周妈妈感叹，"说不定什么时候粮食还得涨价呢。现在米面的价格就比几年前高了很多。"

周二郎说："家里的收支情况我大概了解了。爸、妈，我再算算账，看看租哪里的店铺合适。"

"好的。等你哥哥妹妹什么时候放假回来，我们再商量一下，不着急。"

"好嘞。"

周二郎心想，虽说汴京物价不低，但好歹他们兄妹三人都有不错的工作，个人开销也不大。他们每人每月都能存下一部分钱，给爸妈租店铺做生意还是够的。

（注：本文中提到的人物，其日常收入及开销，均是在史料的基础上根据故事情节加工过的，不作为宋朝同行业人士的薪资标准，仅供参考。相关史料详见文后"小知识"部分。）

📖 小知识

1. 北宋时期汴京城内食物价格，见《东京梦华录》："其余小酒店亦卖下酒，如煎鱼、鸭子、炒鸡兔、煎燠肉、梅汁、血羹、粉羹之类，每分不过十五钱。"

2. 宋朝不同时期的米价不一样。《宋史·食货志》记载:"熙、丰以前,米石不过六七百。"《宋史·职官志》记载:"每斗(米)折钱三十文。"十升为一斗,十斗为一石。根据史料估算,北宋时期的平均米价是每升八文左右。

3. 宋代小说集《青琐高议》提到,宋仁宗庆历年间,"都下马吉以杀鸡为业,每杀一鸡,得佣钱十文,日有数百钱"。意思是,一个在市场上杀鸡的工人,一天的工钱是几百钱。

4. 《都昌吴孝妇》记载:"为乡邻纺绩、浣濯、缝补、炊爨、扫除之役,日获数十百钱,悉以付姑。"意思是,(一个农村妇人)帮人做洗衣、缝补、打扫等工作,一天赚几十到上百文钱。

5. 《夷坚志·吴民放鳝》记载:"吴中甲乙两细民同以鬻鳝为业,日赢三百钱。"意思是,吴中有两位平民以出售黄鳝为业,每天能赚三百钱。平均下来,一个卖黄鳝的小贩一天赚一百五十文。

6. 《嘉定赤城志》记载:"农工商贩之家,朝得百金,暮必尽用,博奕饮酒,以快一时,一有不继,立见饥冻。"也就是说,宋朝普通百姓的日收入标准是一百文。

房屋租买

锹战古人100天 2

从古至今，房租都不便宜

周二郎最近特别忙，除了上班打工，他每天下班都要抽时间去看铺子。他让行老给他介绍了个靠谱的房产中介，即"庄宅牙人"，中介大哥很热情，给他推荐了很多铺子，分布在汴京城的各个角落。周二郎一开始还兴致勃勃的，可是呢，汴京城内的房租不了解不知道，一了解吓一跳。

"稍微好一些的店铺，租金太贵了。看来我每天辛辛苦苦起早贪黑，都是在给房东打工啊！"周二郎忍不住跟同事吐槽。

同事说："这里是京城嘛，寸土寸金。别说我们了，朝中很多大人不也买不起房嘛！大家都是租房一族，一起为房东打工。"

"这倒是。"

周二郎想起，他哥周大郎跟他提过，李郎家的宅院也是租的。不过人家好歹能租豪华的深宅大院，他连租一间像样的店铺都愁钱。地理位置好的店铺租金高，偏僻的铺子又怕没人光顾。

周二郎问同事："你家住在哪里啊？"

"离会仙楼远着呢，靠近城门的后街那儿，附近有很多简陋的院子。像我们这种低收入的平民百姓大多住在那一带的廉租房。没办法,穷啊!我一个人养一家三口,还得攒钱娶媳妇。"

"噢,有印象,我看铺子的时候去过那边,确实有些简陋。那边租金多少?"

"廉租房的租金不高,一个月五百文钱,我还是负担得起的。你呢,住在什么地方?条件好吗?"

"我和我爸妈住的地方已经出城门了,一间带小院的草舍,宽敞明亮又通透,租金比城内同等条件的房子低不少。就是太远了,上班很不方便。"周二郎很无奈,"我下班要走好久才能到家,我爸妈每天大清早进城做生意,一把年纪了还得负重跋涉。"

"打工人不容易啊,我们一起努力赚钱吧,争取以后能搬到城里

(北宋)王希孟 《千里江山图》(局部)

的大房子住。"

"一起努力吧。"

二人共勉了一番。

宋朝房价之高，可不止京城，很多二三线城市也便宜不到哪儿去。当时的百姓大多是租房住的，如《水浒传》提到，武大郎"在清河县住不牢，搬来这阳谷县紫石街赁房居住，每日仍旧挑卖炊饼"。可见武大郎住的那套两层小楼并不是他自己的房子，是租来的。

那么，宋朝的房租到底有多高呢？这个问题得分情况看。私人出租的房屋价格较高，一个月几贯到几十贯不等。司马光在《司马文正公传家集》中提到"月掠房钱十五贯，足供日用"，说明当时租房

子的平均价格是一个月十五贯（一万五千文），一天的租金就是五百文。和当时百姓的收入相比，这个价格可以说是非常高了。

京城的人口密度实在太大，为了解决百姓住房问题，北宋政府制定了相应的政策。比如，推出了租金低廉的公租房。若是发生自然灾害，官府还会适当减免公租房的租金。公租房的月租是四五百文，完全在百姓的承受范围内。因此，大部分百姓会选择住公租房。

不过呢，周二郎一家住的不是公租房。

跟同事聊完天，周二郎有些郁闷。他努力说服自己，他不是一个人，大家都一样穷！而且汴京房租贵也不是一天两天了，慢慢来吧，日子总会一天一天变好的，就是不知道什么时候才能变好。

周二郎努力平复心情，继续干活去了。碰巧今天李郎来会仙楼吃饭，同桌坐着的是他的好朋友赵公子。周二郎的哥哥周大郎也在一旁站着，兄弟俩见面，打了个招呼。

李郎见周二郎像是有心事，问他发生什么事了，周二郎就跟他唠了几句最近租房的烦恼。

李郎表示理解："京城繁华，全国各地的商人都来这里做生意，租买房屋和商铺的人越多，房价就越高。加上每年都有很多学子来京城求学，准备科举考试，这几年房屋出租行业越来越热门了。"

"是啊，听说在京城做房地产是门好生意。"赵公子说，"怪不得满大街都是房产中介。"

周二郎点头："两位郎君说得有道理，竞争就是生产力啊。看样子，有生之年房价是不可能下降的，唯一的办法就是拼命赚钱。"

赵公子说："加油，你可以的。"

周大郎说："共勉吧弟弟，我们一起加油。"

周二郎心里苦。哦，又是努力打工赚钱的一天。

📖 **小知识**

1. 平民百姓在京城居住的情况，如《东京梦华录》："其后街或空闲处，团转盖房屋，向背聚居，谓之'院子'，皆小民居止。"大致意思是，(京城)后街和空置的地方盖着简陋的房子，这些房子排成一圈，房子之间相互背对着，这样的房子叫作"院子"，在这里居住的都是一些身份低微的百姓。

2. 宋朝平民居住的房子分为瓦房和草舍，北宋王希孟《千里江山图》中画了很多低矮的民房、草房，从中可窥见当时百姓的大致居住环境。张择端在《清明上河图》中也画了不少民房和商铺。

3. 随着经济发展，牙人的职能细分出了更多种类，宋朝负责房屋买卖租赁的牙人叫作"庄宅牙人"，即后世的房产中介。

4. 宋朝政府向民众提供公租房，价格比私人租赁的房子要低廉许多。管理公租房的机构叫"楼店务"，又叫"店宅务"，负责公租房的建造、租赁和管理。见《梦粱录》："楼店务，在流福桥北，有官设吏令宅务合干人员，收检民户，年纳白地赁钱。"

惊！朝中大臣竟然买不起房

自从那日和周二郎聊了京城的房价后，李郎也有些发愁了。他发愁主要是因为两件事：一是他爸妈这些年攒了点儿钱，有买房的打算，让他得空留意一下对外出售的宅子；二是他爸有个好朋友张大人，和他爸是同一年的进士，这些年一直在外地做官，近期要升迁来京城了，他爸让他帮租个宅院。

李郎原本没考虑这么多，他的心思一直在温书考科举上。一聊到这个话题，他才意识到事情没他想的那么简单。听他爸说张大人家境一般，没太多积蓄，而他下个月就携家眷来京城了，他得尽快帮人租到物美价廉的房子。

这一天，李郎和赵公子、李小娘子以及孙姑娘四人在太平楼约了个中午饭，他请大家吃饭，让大家帮他一起看看房，出出主意。

李郎说："我家买房不着急，等年后科举完了再说吧。但张大人还有一个月就来汴京上班了，我得把事情办漂亮些，不然我爸以后都不信任我了。"

"你看了几栋房子？"赵公子问。

"已经七八栋了。可惜啊，合心意的太贵，便宜的又太简陋，不堪入目。"

"京城房价都这样,也不是一天两天了。"赵公子感叹。

李小娘子接话:"赵公子说得对。哥,你慢慢找吧。京城寸土寸金,房价高,房租贵。我爸有很多同事都买不起房呢,朝中大臣租房的比比皆是,听说早年间有位宰相都租房子住。"

"什么?连朝中大臣都买不起房?"孙姑娘惊呆了,她只对吃喝玩乐和漂亮的衣服首饰感兴趣,对房价还真的是一无所知。

"你家财大气粗你当然不知道。"李小娘子调侃她,"我们家也是租房住啊,之前跟你说过的。"

"是吗?我不记得了……我也没听我爸妈提过现在的房价高。"

孙姑娘家的豪华宅院已经住了四代人了,是她太爷爷来京城做官的时候买的。她家没有买房需求,她爸妈也没聊过这个话题。因此,她还真不太了解现在的房产市场,知道不便宜,但不知道这么贵。至于朝中官员都租房子住,更是令她惊讶。她原以为,本朝官员俸禄高,买房应该不是难事。不承想……

她问李小娘子:"那你家有买房的打算吗?"

"好房价格太高,我爸说暂时买不起合心意的,宁愿租好一点儿的房子住。至于买房,以后再说吧,努力再攒攒钱。"

"为什么京城的房价这么贵啊?"孙姑娘一脸蒙,"还有,为什么那么多官员租房?"

"人口流动量大呗,全国的人都往京城跑,做生意的,考科举的,比比皆是。这种情况下,京城房价能不贵吗!官员俸禄虽高,跟房价一比就不算什么了,买不起就只能租。本朝官员调动又频繁,几乎每年都有地方官来京城任职,朝廷不提供住宿,他们只能先租房住下。"

李郎说:"是的,比如我爸的那位朋友张大人。他刚收到升迁的消息,马上联系我爸帮他物色房子了。"

孙姑娘似懂非懂。

吃完饭,李郎携众人出门,只见中介大哥已经在太平楼外等候了。大哥很热情,他知道这几位金主都是官宦子弟,家底比一般人丰厚,大客户必须留住!

"帅哥美女们,那我们现在就去看房呗。我精心挑选了几处宅院,想要交通便利的还是景色宜人的?应有尽有,各位尽管提要求,我一定让你们满意。"

李郎说:"要求就是物美价廉,你看着办吧。"

中介大哥有些尴尬,但也不敢怠慢,绞尽脑汁把手里的好房源过了一遍。除了皇宫,汴京分内城和外城。内城就别想了,除了皇亲国戚和大富之家,连高级别的官员都住不起,更别说其他人了。至于外城,如果对宅院面积和豪华程度要求不高,倒是也有便宜些的。

李郎看了一下午的房,总算有所收获。有那么两三处符合张大人的需求,还有一套宅院不适合张大人,但他很喜欢,他决定跟他爸交流一下,看有没有条件买下。如果他科举顺利,明年也该成家了,得早做准备才是。

📖 小知识

1. 《东京梦华录》作者孟元老在书的序言中提到,"仆从先人宦游南北,崇宁癸未到京师,卜居于州西金梁桥西夹道之南"。孟元老以前住在城西金梁桥西夹道的南边,属于汴京的外城区,离宰相蔡京的宅子不远。

2. 宋仁宗时期的宰相韩琦曾说:"自来政府臣僚,在京僦官私舍宇居止,比比皆是。"说明很多在京城就职的官员都是租房住的。朱熹也说过:"且如祖宗朝,百官都无屋住,虽宰执亦是赁屋。"意思是北宋初期,连宰相都是租房住的。
3. 《浩然斋雅谈》中记载了南宋一官员的诗句:"小小园林矮矮屋,一日房钱一贯足。"可以得知的信息是,南宋时期的官员租房,租金是一日一贯,一个月三十贯。
4. 欧阳修写过如下诗句:"嗟我来京师,庇身无弊庐。闲坊僦古屋,卑陋杂里闾。"欧阳修曾官至翰林学士、枢密副使、参知政事,连他都只能租简陋的房子,京城的房价之高可见一斑。

祭祀

中元节怎么会这么热闹

　　周二郎觉得他爸妈经商头脑真灵活。一到农历七月，他妈就不再卖首饰之类的东西了，而是改卖中元节必需品，比如幞头、金犀假带、河灯、五彩衣服等冥器。他爸也不卖鱼了，靠自己的手艺糊一些纸品，四处叫卖。

　　在这个年代，中元节可是非常盛大的祭祀节日，几乎每家每户都会参与进来，祭祀祖先、烧纸衣、放河灯。有需求就有买卖，因此，周家父母最近摆摊的生意很好，收入也比平日多一半不止。

　　一眨眼就是七月十四了，街上越来越热闹。周二郎发现，会仙楼的生意也比往日好了许多。他十分纳闷，中元节不是祭祀的日子吗，为什么这么热闹？他跟一位来吃饭的熟客聊起这事，客人笑着给他科普。

　　"因为中元节是佛道两教的共同节日，道教称作'中元节'，佛教称作'盂兰盆节'。我们这个年代无论是佛教文化还是道教文化都很盛行，百姓们自然热衷过中元节啦！而且不只百姓，七月十五这一天，宫中也派人去道者院祭祀，因为道者院会举行盛大的斋会，祭祀那些为国捐躯的战士们。"

周二郎恍然大悟:"原来如此,怪不得这几日街上人山人海,连带着酒楼的生意也比之前好了。"

客人又说:"中元节跟七夕挨得近,两个大节日凑在一起,出门采购的、玩乐的,还有摆摊做生意的人多了,各行各业的买卖当然也就更景气了。"

"是啊,我爸妈这几天摆摊卖中元节物品,生意可好了。"

"哈哈,那你爸妈还是挺会做生意的嘛。"

"养家糊口不容易,都得努力啊。"

和客人聊完天,周二郎饥肠辘辘,赶紧去吃中饭。路过二楼的阳台,他看见不远处的街市上有个熟悉的身影,竟然是正在沿街叫卖的妈妈。

周二郎拿了一份吃食,兴高采烈去找他妈了。他妈正在卖楝叶,一群男女老少围着摊子,生意特别好。好不容易等他妈可以喘口气了,周二郎递上吃食:"妈,累坏了吧,一起吃点儿啊。"

周妈妈接过食物。她确实饿坏了,她说:"今天人多,忙得顾不上吃饭呢。幸好这一筐楝叶快卖完了,卖完我回家多吃点儿。"

"为什么这么多人来买楝叶?"

"中元节风俗啊。明天祭祀的时候,人们要把楝叶铺在供奉的桌子上,还要在供奉祖先的花瓶里插鸡冠花。鸡冠花比楝叶还要抢手,一个时辰前我就卖完了。"

"怪不得你今天跑这边来摆摊了,这附近人确实多。"

"一到七夕前后,人们就都出来放风了。我们也高兴,人多生意好。"

"我爸呢?"

"在潘楼街卖纸品呢,这两天我们都不得空,出门赶集的人太多了。"周妈妈说,"明天我和你爸还得一大早出来,卖些穄米饭、明菜花、花油饼之类的素食。"

"卖这些又是为啥?也是中元节习俗吗?"

"对啊,人们要用素食祭拜祖先,还得上坟扫墓。"

"原来如此。你和我爸都太不容易了,还得变着法子卖各种物品。"周二郎很心疼他妈,"那你卖完赶紧回家休息,每天起早贪黑,别累出病来啊。"

"好嘞,儿子,你也快回去吃饭干活吧。"

周二郎回了会仙楼。看着满大街熙熙攘攘的人群,他忽然觉得心情很不错。

小知识

1. 中元节在农历七月十五,又叫"盂兰盆节",宋朝时成为民间传统节日,节日风俗有上坟扫墓、祭拜祖先、放河灯、烧纸等。

2. 宋朝的中元节十分热闹,《东京梦华录》载:"七月十五日中元节。先数日,市井卖冥器:靴鞋、幞头、帽子、金犀假带、五彩衣服。以纸糊架子,盘游出卖。潘楼并州东、西瓦子,亦如七夕。"

3. 宋朝风俗,中元节祭祀时,用楝叶铺满供奉的桌子,用鸡冠花插供祖先的花瓶,用素食供奉祖先。因此中元节前一天人们要去买楝叶和鸡冠花备用。《东京梦华录》载:"中元前一日,即卖练叶,享祀时铺衬卓面","又卖鸡冠花,谓之'洗手花'","十五日,供养祖先素食。才明,即卖穄米饭,巡门叫卖,亦告成意也。"

4. 南宋中元节习俗和北宋差不多,《梦粱录》中有记载:"家市卖冥衣,亦有卖转明菜花、油饼、酸馅、沙馅、乳糕、丰糕之类。卖麻谷窠儿者,以此祭祖宗,寓预报秋成之意。鸡冠花供养祖宗者,谓之'洗手花'。"

是祭祀日，也是赶集日

李小娘子和她爸一起赶了个大早，去郊外给她过世的爷爷扫墓。在墓地，她碰见了同样前来祭祖的李家父子俩。兄妹见面十分开心，交流了最近的看书心得。

李小娘子忍不住夸奖李郎："看来你没少埋头读书啊，不仅史学典故倒背如流，还带看兵书的？"

"妹妹过奖啦，要想考中进士，肯定要付出很多努力的。我看这么多书很正常，你的博学才惊人呢，如果女孩可以考科举，你肯定能中。"

"才不要，考上又能怎样，做官多累啊！我还是喜欢当女孩子，自由自在，吃喝玩乐。"

李郎哈哈大笑："是是是。那么请问这位女孩，你今天是不是也要出去赶集，逛街？"

"当然啦，中元节这么热闹的日子，不出去逛逛岂不是太可惜了。"

"有什么节目安排？"

李小娘子从荷包中取出一张花笺，朝李郎扬了扬。李郎接过一看,原来是孙姑娘写的:亲爱的,看戏去不?下午未时整,桑家瓦子门口见。

李郎意外:"怎么想到今天去瓦子里看戏了?我以为你们约了放河灯呢。"

"河灯也是要放的,看完《目连救母》我们就去。"

一听是《目连救母》,李郎忍不住发笑。他这个妹妹也是神奇,每年中元节都和姐妹去看这出杂剧,竟然也看不腻。

《目连救母》是一个佛教故事,讲的是一个叫目连的佛陀弟子,他的母亲又贪婪又吝啬,经常趁目连不在家的时候做恶事,宰杀牲畜,死后就堕入了饿鬼道受惩罚。目连得道后,想要报答母亲的养育之恩,他通过神力盛饭给母亲吃,结果饭没到嘴边就化为黑炭。目连十分痛苦,就去求佛陀指点。佛陀告诉目连,他的母亲罪孽深重,以他一人之力是无法拯救的,必须借十万僧众之力,帮他母亲赎罪。目连得了佛陀的指引,便在七月十五这一天供奉十万僧众,以此功德使母亲得以转世。

这是一个劝人向善的故事,每年七月会在各大勾栏瓦舍上演,尤其七月十五这一天,去看《目连救母》的人比平时多一倍不止。李郎以前不太明白,为什么中元节瓦子里人会那么多。见李小娘子和孙姑娘这样,他大概懂了。有些热闹,总还是得凑一凑的。

李小娘子猜到了李郎在笑什么,她说:"就像扫墓、铺楝叶、插鸡冠花一样,看《目连救母》也是我朝中元节的习俗,我们自然要跟随大流。"

"理解理解,女孩子嘛,凑凑热闹挺好的。"

"我和孙姑娘一起去,你要不要来?"

李郎摇头:"不了,我要去潘楼街给我妈买蜜饯,她喜欢的那家店,平日里蜜饯卖得特别快,只有七夕、中元节和春节会加倍供货。另外,我还约了赵公子逛书店,这几天书店有很多佛经卖,我们想买来对着抄写。"

"抄经?你还这么虔诚呢!"

"多抄经书使人心静。"李郎问她,"你们看戏什么时候结束?我和赵公子买完佛经,去找你们会合吧,一起放河灯。"

"好呀。这出戏大概一个时辰。结束后我们桑家瓦子门口见。"

李大人在一旁听他们说要去放河灯,不忘提醒:"可别在外面逗留太久。今天是道教传说中百鬼夜行的日子,逛完早点儿回家。"

"好的,老爸。"

李郎又问他爸和他叔有什么安排。他爸说今天道者院有大斋会,他们兄弟俩要去参加斋会,一起祭祀为国捐躯的战士们。

📖 小知识

1. 《目连救母》是一部杂剧,起源于佛教故事《佛说盂兰盆经》。故事讲述佛陀的弟子目连在农历七月十五这一日设"盂兰盆节",拯救亡母出地狱的故事。

2. 宋朝时期,中元节又被称为"烧衣节",《岁时广记》记载:"近世以七月十五日为烧衣节,盖本浮屠之说,不足依据。然佛老宫祠,所在有之。亦祖考平生游息更衣之地,因设素食於此烧之。"

3. 每年农历七月十五,道者院会举办大斋会,如《东京梦华录》记载:"禁中亦出车马,诣道者院谒坟。本院官给祠部十道,设大会,焚钱山,祭军阵亡殁,设孤魂道场。"

4. 中元节当日,潘楼街和七夕一样热闹,到处有蜜饯瓜果,书店也会在这一天推出佛经。如《东京梦华录》记载:"潘楼并州东、西瓦子,亦如七夕,要闹处亦卖果食、种生、花果之类,及印卖《尊胜》《目连经》。"

消防

桃人古100天2

着火莫怕,这里有专业消防队

天渐渐黑了,周二郎难得不用上夜班,他和饼店工作的小吴相约一起回家。小吴家住城门附近,和周二郎顺路。有人做伴,回家路上不至于太无聊。

周二郎今天心情很好,因为他遇见一位大方的客人,吃完晚饭赏赐了他十几文钱。有了赏赐当然要跟好朋友分享,于是他在路边摊买了份小吃,分了一半给小吴。二人边吃边走边聊天,欢声笑语不停。

正聊得起劲,人群中突然出现一阵骚动,周围的百姓全朝着一个方向跑去,看样子都很着急。周二郎拦了一个奔跑的大爷,问他:"大爷,发生什么事了,怎么大家都往那边跑?"

"着火啦!那边烧起来啦!"大爷慌慌张张。

"京城发生火灾是不需要百姓灭火的,你们去干吗?"

"当然是看火情啊,这一带的房子都是木头建的,万一控制不住一烧一大片呢?烧了我们还得搬家,唉。"大爷没再多说,赶紧走了。

小吴对周二郎说:"要不我们也去看看。"

周二郎点头,二人加快脚步,顺着人流往前走。没过多久,一队训练有素的士兵拿着工具匆匆赶来了,速度极快。周二郎认得他们的服饰,他们是附近军巡铺屋的士兵,专门负责灭火工作,所以叫"潜火兵"。恰好对面有官员的轿子经过,潜火兵们没给这位大人让路,反而大人的轿子停在路边,给他们让行了。

很快,潜火兵赶到了火灾现场。着火的是一栋两层楼房,火是从一楼烧起来的,二楼也开始冒火苗了。屋顶浓烟滚滚,十分吓人。所幸火势还在可控范围内,房子里的人也都已经跑出来了,暂时没有百姓伤亡。潜火兵们了解完基本情况,迅速开展灭火工作。没过多久,马军、步军,还有开封府的人都赶来了,参与灭火的士兵越来越多,火很快就被扑灭了。

(北宋)张择端《清明上河图》(局部) **军巡铺屋**

围观的百姓们松了一口气。这一带民房众多,人口密集,如果真烧起来了,百姓的财物会遭受严重损失,他们还会面临无家可归的困境。所以潜火兵一从火灾现场出来,百姓们都热烈地为他们欢呼、喝彩,感谢他们扑灭了大火。

周二郎看见,这些士兵有的脸上漆黑,有的身上散发着焦味,有的衣服被烧去了一部分,有的浑身被水浇得湿淋淋且头发全贴在脸上……

"太不容易了,潜火兵们好辛苦啊!"小吴说。

周二郎点头:"是啊,他们每天晚上都得巡逻、值夜,不论春夏秋冬,风雨无阻。遇上火势大的情况,还会有生命危险。可是为了百姓的安危,他们总是冲在最前面,好了不起!"

一个路人听到他们的对话,也加入讨论:"可不是嘛!我还听说,如果有士兵偷懒,灭火不积极,会受到很严厉的惩罚呢!"

"虽然我们不用参与灭火,但是注意防火人人有责,真烧起来就太危险了。"

"以后我们一定要注意,少给潜火队和各府衙添麻烦。"

"是啊是啊,天干物燥,小心火烛。"

百姓们你一言我一语,纷纷对这场火灾发表看法。大家都表示,致敬所有潜火士兵,以后一定更重视用火安全。

小知识

1. 北宋政府建立了世界上最早的专业消防机构——潜火队。如《琐碎录》记载:"所在官府有潜火队。"当时汴京城内的每一坊巷都设有"军巡铺屋",类似现在的消防站。每个军巡铺屋有五个潜火兵,负责夜间巡视。《东京梦华录》记载:"每坊巷,三百步许,有军巡铺屋一所,铺兵五人,夜间巡警,收领公事。"

2. 《清明上河图》上画有一间"军巡铺屋",屋内有三个军人在操练,旁边还放着水桶等灭火用的工具。这也是目前能看到的关于古代消防机构最早的图像资料。

3. 关于潜火队的工作机制,宋神宗曾下诏:"斩马刀局役人匠不少,所造皆兵刃。旧东西作坊未迁日,有上禁军数百人设铺守宿。可差百人为两铺,以潜火为名,分地守宿。"

4. 京城一旦发生火灾,马军、步军、殿前指挥、开封府等部门会率领各自的人马参与救火,城内百姓可以不参加扑救工作。如《东京梦华录》记载:"每遇有遗火去处,则有马军奔报军厢主。马步军、殿前三衙、开封府,各领军汲水扑灭,不劳百姓。"

5. 《梦梁录》记载:"如遇烟救扑,帅臣出于地分,带行府治内六队救扑,将佐军兵及帐前四队、亲兵队、搭材队,一并听号令救扑,并力扑灭,支给犒赏;若不竭力,定依军法治罪。"

大宋消防队里有什么

李郎刚写完一篇文章，准备拿去让他的老师评鉴一下。他和赵公子师从同一位老师，老师对他们俩的期望特别高，一直很重视。

这一天是老师约定帮学生们检查作业的日子，七八个科举待考生聚集在老师家里，十分热闹。不过学生们都来得比较早，老师午睡还没起来。仆从给学生们上了茶，他们一边喝茶一边等老师，顺便闲聊了几句。

学生A说："你们听说了没有，昨天晚上万胜门内大街失火啦。火势很大，差点儿烧毁一栋两层小楼。"

李郎愣了一下："昨晚什么时候？"他昨晚睡得早，今天起床就在书房看书，没听人提起这事。

学生B说："天刚黑就烧起来了，最近天气干燥，火越烧越旺。幸好望火楼上的士兵及时发现了火情。"

赵公子说："是的，当时情况很紧急，潜火队第一时间赶去了火灾现场，骑兵也迅速出发去给防火指挥部门汇报了情况，防火指挥部门又给殿前指挥和开封府报了信。这几个部门各自带队，齐心协力把火扑灭了。好多百姓在现场围观，大家都可紧张了。昨晚风大，稍不注意，火势就会蔓延开。真真是万幸啊。"

李郎问赵公子："你怎么知道得这么清楚？你也去现场了？"

"我没去。我爸昨天下午去那一带办事，回家路上正好碰见潜火队执行公务。万胜门内大街道路狭窄，为了给潜火队和步兵营的士兵让路，我爸的轿子在路边等了很久，还耽误了吃晚饭，我妈都生气了。结果一问情况，才知道失火了。"

学生A调侃赵公子："哟，你爸还怕你妈呢？"

众人笑作一团。

"那不叫怕，是夫妻和睦的表现。"赵公子笑了笑，问学生A，"你爸不是负责管理京城的军巡铺屋吗，你对潜火队应该很了解吧？"

学生C附和："对哦，你给大家科普一下呗，潜火队是怎么工作的？军巡铺屋里都有些什么？我们都很好奇。"

学生A确实跟他爸去参观过几处军巡铺屋，他回忆了一下，耐心给大家讲解："城中地势高的地方建有望火楼，那是专门用来瞭望观察火情的。望火楼上每天都会有士兵巡视，一旦发现哪里着火了，就会报告给防火指挥官——军厢主，同时也会通知其他有关部门。望火楼很关键，是潜火队非常重要的组成部分。至于救火工具，那就更多了。"

学生A给大家一一介绍了军巡铺屋内的灭火工具。比如，麻绳梯、大小水桶、斧头、锯子、铁钩子等。

学生C发出惊呼："哇，没想到装备这么齐全！怪不得能这么快把火灭了呢。"

"是的，我们大宋在消防问题上一向都很重视，犯纵火罪的人也会得到严惩。官府规定，夜间用火需要提前报备。不报备而私自点夜火，后果很严重的。"

李郎表示赞同："确实。我朝名将狄青狄大人，夜间燃烧香烛祭祀，事先忘了报备，还闹过一场乌龙呢。"

狄青这事，在场学生都略知一二。据说狄青祭祀当晚，士兵在望火楼看到了火光，迅速报告给了防火指挥部门"军厢主"，没过多久，几队人马冲进了狄青家中，这时候火早已经熄灭了。但狄青犯火禁一事传得沸沸扬扬，引起了很多人不满。狄青内心不安，他向仁宗自请贬官到陈州。

　　可见，宋朝的防火制度相当严格，连朝廷重臣犯火禁都不能例外。同时也说明了，潜火队的办事效率非常之高。

　　众学生就火灾一事，又聊了会儿。没多时，老师来了，学生们停止了这一话题，排队交作业等着检查。

📖 小知识

1. 关于宋朝消防队的救火工具，北宋和南宋有一定区别。北宋汴梁城中，如《东京梦华录》记载："谓如大小桶、洒子、麻搭、斧锯、梯子、火杈、大索、铁猫儿之类。"南宋临安城中，如《梦粱录》记载："如防虞器具、桶索、旗号、斧锯、灯笼、火背心等器具，俱是官司给支官钱措置，一一俱备。"

2. 宋人李诫在《营造法式》中有记载望火楼的结构："望火楼一坐，四柱，各高三十尺（基高十尺）；上方五尺，下方一丈一尺。造作功，柱四条，共一十六功。棍三十六条，共二功八分八厘。梯脚两条，共六分功。平栿两条，共二分功。"

3. 狄青是北宋仁宗时期的名将，他在夜间祭祀犯火禁一事，《东轩笔录》中有记载："至和、嘉祐之间，狄武襄为枢密使，一夕夜醮，而勾当人偶失告报厢使，中夕骤有火光，探子驰白厢主，又报开封知府。比厢主、判府到宅，则火灭久矣。"

万姓交易

天气好，摆摊挣钱去啊

周二郎工作敬业，很少请假，却难得与同事换班调休了一天，因为今天是大相国寺的开放日。每逢开放日，汴京城的百姓会涌入寺中，摆摊做生意。去寺里赶集淘宝的人也非常多，说是摩肩接踵也不过分。客流量大了，生意自然也会更好，能赚比平日多好几倍的钱。

不巧的是，周爸爸偶感风寒，身子有些虚，可能承受不住那么大的工作量。周二郎考虑再三，决定陪爸妈一起去摆地摊。眼下他们家正是缺钱的时候，要攒一笔钱租店铺，就不能错过这么绝佳的营收机会。

周家一家三口大清早就赶到了大相国寺。周二郎推着小推车，车上装了几个水桶，里面是用清水养着的活鱼。周家父母各背了一个箩筐，里面是周妈妈刚进的货——首饰、扇坠、香囊、手绢等。考虑到今天的情况，他们进货的量也比平时多了两倍不止。

开放日的大相国寺一如往昔，天刚亮就已经有不少人摆好摊位了。寺院大门口的摊子大多是卖活物的，飞禽、走兽、游鱼，应有尽有。周二郎一眼就看见了面前大笼子里那几只正在吃草的羊，它们一边吃一边叫得欢快。一旁还有卖鹰的、卖狗的、卖鹿的……

趁着人还不算太多，周二郎赶紧占了个位置较好的摊位，开始帮他爸卸货。把那几个大木桶从小推车上卸下来还挺费劲，用力大了怕水晃出来，用力小了又抬不动。周二郎父子费了好大功夫，幸亏旁边摆摊的小贩帮了他们一把，这才搞定。

周二郎连忙向帮忙的小贩道谢。那小贩的摊位上放了大小不一的四个笼子，里面全是可爱的小猫，各色花纹都有。周二郎被吸引了视线，忍不住多看了几眼。他不禁感叹，大相国寺果然是大相国寺，在这么多卖奇珍异兽的摊子中，他们卖鱼显得太普通了。

周二郎对他爸说："老爸，你先收拾一下摊位，我进里面去帮我妈把摊摆出来。一会儿来帮你。"

"好嘞，不着急，你们慢慢来。"

于是，周二郎和他妈背着箩筐继续往里走。到了寺庙的第二道门，又一片摊位展现在他们面前。不过这里的摊位和大门口的不一样，"规格"要高一些。只见庭院中有几排露天棚屋，一间就是一个摊位，互相区分开。除了棚屋，院中还支了很多彩色的帐子，功能和棚屋是一样的，也是小贩们的摊位。

而这第二道门内的摊位，卖的都是一些生活用品。比如屏风、竹席、马鞍、缰绳、弓箭，还有水果蔬菜、洗漱用品等，就连腊肉都有。生活中用得到的东西，只要能想到的，在这里就都能买到。

周二郎挑选了一个空置的棚屋，帮他妈把要卖的东西铺陈开，细心地一点点收拾好。周妈妈很开心，直夸周二郎，又问他："儿子啊，你出门前没吃早饭，应该饿了吧？要不你去买点儿吃的？"

"还行，也不算饿。"

"还是吃点儿吧。不然一会儿人多了，买吃的都得排队。"

周二郎觉得他妈说得有道理，决定去里面逛逛，吃个早饭，顺便帮他爸妈也带点儿吃的，免得他们一忙起来肚子饿。他沿着主路继续往里走，靠近佛殿的是一些有招牌的固定摊位，比如大名鼎鼎的王道人蜜煎、赵文秀笔、潘谷墨……

不过周二郎没有在这些老字号前停留，而是直奔"饭店"。没错，大相国寺内是有饭店的，这儿的僧人师父厨艺好，斋饭健康且美味，很多摆摊的小贩还有逛街的人都会来吃斋饭。偶尔碰上大型斋会，师父们也能很快备齐几百人份的食物。

令周二郎觉得最神奇的是，大相国寺还有卖荤菜的地方——大名鼎鼎的"烧朱院"就以炙猪肉这道美食闻名遐迩。他还听闻，朝中不少大臣也会遣人来大相国寺购买炙猪肉吃，当真是新鲜事。

出名之后，烧朱院的生意也越来越好，来这里买炙猪肉往往要排很长的队。周二郎来得早，师父们才刚开始准备食材，但已经有不少人在排队等候了。周二郎等了好一会儿，"斥巨资"买了三份炙猪肉。他趁热吃了几口，然后赶紧给爸妈送去了。

📖 小知识

1. 相国寺在汴京的内城，位于大内正门前，州桥的东面，初建于北齐，原名"建国寺"，唐睿宗赐其名"大相国寺"。北宋时期被封为皇家寺院，是全国的佛教中心，香火鼎盛。同时，大相国寺也是一个大型的综合贸易市场，每个月开放五次，允许百姓进寺庙做生意。
2. 宋代商品经济繁荣，寺院、道观经商风气流行，除了大相国寺，全国各地的寺庙和道观都有僧人、尼姑做买卖的例子。
3. 相国寺的僧人惠明擅长做炙猪肉，《画墁录》记载："相国寺烧朱院旧日有僧惠明善庖，炙猪肉尤佳。一顿五觔。杨大年与之往还，多率同舍具飧。一日大年曰：'尔为僧，远近皆呼烧猪院，安乎？'惠明曰：'奈何？'大年曰：'不若呼烧朱院也。'都人亦自此改呼。"

去拜佛，顺便去淘宝

李郎和赵公子两个科举备考生最近都在努力读书，出门次数也比以往减少了，但这一天他们给自己放了半天假，相约去大相国寺逛街，看能不能淘到珍稀的书画册子。他们以前总听说，有不少人在大相国寺淘到过名人真迹，十分珍贵。

刚到大相国寺正门口，李郎就看见了老熟人周二郎。只见周二郎正在卖力吆喝，帮他爸卖活鱼。寺庙开放日人多，这还不到中午，几个养着鱼的大木桶已经快空了。

"李郎君，赵郎君，你们也来逛街啦！"周二郎热情打招呼。

李郎点头："嗯，去资圣门那边看看，买点儿书画。"

"真的好巧，你妹妹李小娘子和她闺密孙姑娘进去有一会儿了，说是来拜佛的。"

"是吗？"赵公子很开心，"说不定一会儿还能碰到。"

果然，李郎和赵公子还没走到佛殿，就看见李小娘子和孙姑娘的身影了。她们一人拿着刺绣帕子，一人拿着珠钗，正在细细欣赏、挑选。李郎喊了她们一声，李小娘子回头，面露惊喜之色。

"哥，你们怎么也来了？"

"来逛逛。听说你们来拜佛？"

"嗯，天一亮就出门了，拜佛不得越早越好嘛。"李小娘子说，"我们在寺里逛了好大一圈，去烧朱院买了炙猪肉吃，孙姑娘还在后廊的摊子算了个卦呢。"

"是吗？算了什么？"

孙姑娘笑着说："算你们年后科举能不能考中啊。"

李郎心情很好："有心啦，谢谢孙姑娘。你们挑中了什么，不如我买来送你们吧。"

李小娘子毫不客气，举起手中的刺绣手绢，又拿了一个头饰："这些我都要了。"

孙姑娘也挑了几件。李郎热情地买单。

结完账，一行人结伴去资圣门。李小娘子边走边夸赞："这些尼姑师父还挺勤劳，每次大相国寺开放日她们都会来摆摊。卖我刺绣的那个师父，我碰见她好多次了。"

李小娘子和孙姑娘刚才买东西的这一整条走廊，都是附近寺院的尼姑们摆的地摊。她们卖的东西种类丰富，大多是女孩子们喜欢用的物品。

僧人尼姑参与经商，这也是宋朝寺院的一个独特之处。经济一发展，全民开始做买卖，包括出家人。因此，大相国寺不仅是一个佛教文化中心，还是有名的贸易中心。

李郎听了妹妹的话，连连附议："是啊，现在寺院、道观的师父们都很有生意头脑，全民参与到经商行业中来了。平日里他们诵经念佛做功课，碰上这种赶集日，还会出来做买卖，赚日常花销。"

"我最佩服的还是烧朱院的师父们，一边修行、吃素，一边还能做出那么好吃的炙猪肉。"赵公子笑着感叹，"真是又惊讶又觉得他们好酷!"

孙姑娘赞同道:"是啊,他们的厨艺太棒了,我经常遣仆从来这儿给我买肉吃呢。我爸也喜欢吃。"

聊着天,他们很快就走到了资圣门。这里是文人墨客的天堂,不仅李郎、赵公子这样的读书人喜欢,李小娘子这样的才女喜欢,孙姑娘和她的一些闺阁千金朋友也都喜欢。毕竟这里什么古玩书画都能淘到,偶尔运气好还能买到前人的手稿呢。

四人各自开心地淘宝,一直逛到下午才结束,并且都买到了心仪的东西。大相国寺开放日,真是个"剁手"的节日啊。

📖 小知识

1. 《东京梦华录》记载:"(大相国寺)两廊皆诸寺师姑卖绣作、领抹、花朵、珠翠、头面、生色销金花样幞头、帽子、特髻、冠子、绦线之类。"意思是,两边走廊是各寺院的尼姑们摆摊的地方,所出售的都是珠翠、头面、冠子、刺绣等女性用的物品。

2. 大相国寺殿后资圣门前是文人墨客最爱逛的书画古玩一条街,在这里能买到很多文人喜爱的物品,如《东京梦华录》记载:"殿后资圣门前,皆书籍、玩好、图画,及诸路罢任官员土物、香药之类。"

3. 李清照和赵明诚夫妇也是大相国寺的常客。李清照在《金石录后序》中写道:"每朔望谒告出,质衣,取半千钱,步入相国寺,市碑文果实归,相对展玩咀嚼,自谓葛天氏之民也。"

4. 《曲洧旧闻》记载:"黄鲁直于相国寺得宋子京《唐史》稿一

册,归而熟视之,自是文章日进。此无他也,见其窜易句字,与初造意不同,而识其用意所起故也。"黄鲁直即黄庭坚,宋子京则是宋代著名词人宋祁,意思是,黄庭坚在大相国寺淘到了宋祁的手稿,他认真研读,写文章日益精进。

5. 书画家米芾,曾与友人"同行相国寺,以七百金常卖处买得《雪图》,破碎甚古,如世所谓王维者"。可见,很多历史名人都热衷来这里淘宝。

医药

跟古人学成人100天 2

看病买药哪家强

近来天气转凉，周二郎非常担心他爸的身体。自从大相国寺那日摆摊回来，他爸的风寒加重了不少：晚上睡不着，一躺下就咳嗽；白天吃不下饭，身子发虚。正因为如此，他爸好几日没去摆摊了，他妈也不得不在家照顾他爸。

见周二郎上班心不在焉的，同事问他发生了什么事，他如实陈述了一遍。

同事想了想，说："你爸这状态，没个五六天好不了。不过你也别太担心，伤风感冒不是大病，就是得卧床静养，药不能停。"

"你说得对，还是得吃药啊。"周二郎很苦恼，"他总觉得自己身体硬朗，过两天就好。"

"要不你一会儿下班去给你爸买点儿药？隔壁巷子里不就有个张家药铺嘛！"

"张家药铺的药材虽然多，但是价格不便宜。我们家最近省吃俭用，想攒钱租店铺呢。要是花太多钱买药，我爸非打死我不可。"

同事提议："那要不带你爸去安济坊看看？那里常年免费给老百姓看病，我很多邻居生了病都去安济坊，大家对官府这一惠民政策交口称赞。"

"不行不行。"周二郎连连摇头,"安济坊只对那些贫困交加、看不起病的人开放,我们一家五口都是劳动力,收入也还凑合,完全不符合安济坊的救助政策。再说了,我们也不能去跟那些真正有需要的穷人抢资源啊。"

"也对,你哥和你妹有固定工资,而且包食宿,待遇挺好的。我怎么就没想到这一层。"

周二郎说:"我还是去熟药惠民南局买药吧。官办的药局价格公道实惠,最适合我们这些收入不高的小老百姓了,虽然去惠民南局要绕远路。唉,我就当锻炼身体了。"

"对对,熟药惠民局好!"

所谓"惠民局",指的就是官办药店——熟药所,也就是现如今大家熟悉的国营体系大药房。宋神宗年间,王安石推行新法,其中有一条就是对药材买卖进行限定,禁止私人经营药材生意,由官府统一管理,调控药品价格,熟药所因此诞生。王安石变法失败后,官府对民办药局逐渐开放,民办药局也越来越多,遍布汴京城各街市。

下了班,周二郎绕了好大一圈,去熟药惠民南局帮他爸买药。他把他爸最近的病况详细告诉了药局的工作人员,工作人员热情地帮他配好了相应的药材,祝他爸早日康复。周二郎道了谢,赶紧往家走——得尽快让他爸服药才是。

谁知到了家门口,周二郎看见他妈送了一个穿长袍戴高帽子的男人出来。那人身上挂了一个写着"病"字的牌子,还挂着艾草包之类的东西。周二郎猜想,那人应该是个走方郎中。

果不其然,周二郎一问他妈,他妈说:"你爸今天咳嗽越来越严重,吃不下睡不着,我都急死了。正好碰见一个走方郎中吆喝着经

(南宋)李嵩《货郎图》(局部)

过,我赶紧让他替你爸瞧瞧。郎中说你爸不严重,就是吹了冷风,最近又累着了。"

"妈你放心,我从熟药局买了药,大夫说照着吃几天,保证药到病除。"

"那我就放心了。你去看看你爸,我先煎药去。"

"好嘞。"

看着那一包包的药,周二郎心里顿时踏实了许多,但愿他爸喝了药能早点儿好起来。

📖 小知识

1. 北宋王安石变法期间，中国诞生了最早的官方药店——熟药所，后改名"医药惠民局"。《东京梦华录》中就有提到，如"街南熟药惠民南局""近北巷口熟药惠民西局"；此外，书中也提到很多民办药铺，如荆筐儿药铺、丑婆婆药铺、宋家生药铺等。

2. 《清明上河图》中也画了几家医药铺子，如"杨家应症""赵太丞家"。太丞即做过太医的人，他的铺子门口有两行字：治酒所伤真方集香丸，大理中丸医肠胃□。铺子里面还有一位抱着孩子看病的妇人，可推断出，这位赵太丞除了能治肠胃病，还看儿科。

3. 安济坊是宋朝收容救治贫困百姓的机构，由官府承担医药费。据《宋史·徽宗本纪》记载："（崇宁元年八月）辛未，置安济坊养民之贫病者，仍令诸郡县并置。"

4. 在古代，四处行走帮人看病的郎中十分普遍，不少百姓遇到健康问题会就近找他们。很多古画中都绘有这样的场景，如《卖眼药图》，还有南宋画家李嵩的《货郎图》（图中的货郎除了卖百货之外，身上有"专医牛马小儿"的字样，能推断出他同时也是一位走方郎中）。

国立医科大学知多少

李郎的牙疼了好几天了,最近食不下咽。他爸李大人找了位医生来家中为李郎看诊,医生说李郎可能是思虑过甚,精神压力大,导致牙龈肿了。

李大人有些心疼,他知道李郎给自己的压力太大了。临近年关,离科考的日子越来越近,李郎又是个执着的人,一旦定下目标,势必要去实现的。

"医生,我儿子的牙要紧吗?不会影响他学习吧?"李大人问。

医生说:"别紧张,情况不严重,只要按时服药,不出三天就会消肿的。"

"可我这三天怎么吃饭?"李郎很头疼,"牙齿一用力就疼。"

"这个嘛……"医生有些为难。牙龈一旦肿了,想要消下去肯定需要几天时间的。于是他给李郎出了个主意:"我有个相熟的朋友是建隆观的道士,平日里喜欢钻研民间偏方。他去年研究出一副药,说是治疗即时牙病很管用,吃了就能缓解一会儿疼痛。天气好的话,他会在道观外面摆摊,要不你试试他的偏方?"

李大人持怀疑态度:"偏方能管用吗?"

"大人放心,他这个药啊,京城买的大有人在,听说效果不错。"

"好,我这就派人去买。"

李郎听说有特效药,心情好多了,赶紧派周大郎跑腿买药去。

(北宋)张择端《清明上河图》(局部)**医药铺子**

到了午饭时间，李郎的牙果然如医生所说，疼痛缓解了很多。但是医生千叮咛万嘱咐，他那道士朋友的偏方只能缓解疼痛，要想根治牙龈问题，药还是得正常服用。李郎不敢不听，遵医嘱老实吃药。

下午天气不错，李郎事先跟赵公子约了品评彼此的文章，他喝完药，坐马车前往赵公子家。赵公子听说他犯了牙疼病，惊讶之余又有些想笑。

"头一次听你说牙疼。"赵公子说，"还好你的医生比较靠谱，给你出了个偏方止疼。要不然牙龈消肿之前，恐怕吃不下饭吧。"

李郎点头："是啊，明明很饿，却又吃不下东西，太难受了。这个医生是我爸找来的，说是太医局的学生，专攻口齿咽喉科。听说他有两把刷子呢，去年治好了困扰我爸多年的咽喉问题。"

"太医局？了不起啊，那可是国家最高等的医科大学，多少学医的人挤破脑袋都进不去，但凡能进的都有一定基础。听我爸说，太医局分九科，每一科都人才辈出。"

"是的，我叔叔的发小是太医局主管，产科和儿科的圣手。听说我妹小时候生病，都是他给看的。"

赵公子一听，很激动："太好了，我表哥的孩子最近不知怎么回事，一吃东西就上吐下泻，找了好多医生看都不见好。晚点儿我去找李叔叔帮个忙，看能不能托他问问这位医生。"

"我叔叔是你未来岳父，你去找他，肯定有求必应。"李郎不忘调侃。

赵公子放心了许多。他这个表侄子聪明可爱，深得他的喜欢。昨天他去探望表哥表嫂，看小朋友那么难受，他也愁得很。

"我还听我叔叔说，太医局最近在办一件大事，几个主管正领头编一套成药标准处方书。"

"这是好事，有了这套书，我们大宋的医疗事业肯定会迈出更大一步。"赵公子说，"和前朝比，现在的医疗条件好太多了，唐朝的太医署分科就没有我朝太医局这么细。"

"不仅太医局分科细，就连马行街两侧的药铺，也是科目齐全啊。儿科、产科、口齿咽喉科，应有尽有，想买哪方面的药都能买到。"

赵公子赞同："是的。而且我觉得，我们大宋最好的政策还是官府主导的安济坊，给看不起病的贫民提供了很多帮助。"

"唉呀，牙又隐隐作痛了，可能药效快过了。来，我们赶紧评论文章吧，完事了我得回家休息会儿。你也早点儿找我叔叔，去帮你约他那位儿科圣手发小吧。"

聊完天，两个人认认真真品评文章了。对他们来说，科举才是目前的人生大事。

📖 小知识

1. 《东京梦华录》记录了建隆观道士卖齿药一事："出梁门西去，街北建隆观，观内东廊，于道士卖齿药，都人用之。"

2. 宋朝以前，国家医疗机构叫太医署，根据《宋会要》记载，宋太宗将太医署更名为太医局。太医局下设九科，是培养医生所设立的科目，分别是大方脉、小方脉、风科、眼科、疮肿科、口齿咽喉科、针灸科、金镞兼书禁科等。

3. 世界第一部由官方主持编纂的成药标准处方书是《太平惠民和剂局方》，由北宋太医局主持编纂。

4. 崇宁二年，宋徽宗对太医局进行改革，改在国子监下设立太医学，将医学地位提高到与儒学相持平。

5. 汴京城马行街两侧是各类药铺，《东京梦华录》记载："马行北去，乃小货行、时楼、大骨传药铺，直抵正系旧封丘门，两行金紫医官药铺，如杜金钩家、曹家独胜元、山水李家口齿咽喉药、石鱼儿班防御、银孩儿柏郎中家医小儿、大鞋任家产科。"

房屋修缮

家里有钱，盖房有限制吗

孙姑娘的爸爸最近升职了，官阶提升了一品，俸禄自然也就增加了。加上她大哥大嫂的孩子快出生了，二哥也马上要结婚，家里人口要增多，她爸妈当机立断，购置了一栋豪宅。孙姑娘听她哥说，新房子的面积比她现在住的这套要大一半不止。

房子买好了，下一步自然就是装修了。孙大人工作太忙，就让儿女们负责商量装修的事。

这一天，孙姑娘邀请了李小娘子和她一起去新家看看，帮忙提点儿建议。除了孙姑娘的两个哥哥，同行的还有将作监的一位官员王大人，那是孙大人的朋友，过来友情帮忙参考装修方案的。将作监是官府负责建筑的部门，他们对房屋装修比较懂行。

马车走了好一会儿才到新房子，李小娘子和孙姑娘下车一看，新家果然很不错，就是空置时间太久了，显得有些老旧。

孙姑娘的大哥说："看来装修还真是迫在眉睫啊。"

"是啊，早点儿装修完就可以早点儿搬进来，我已经迫不及待了！"孙姑娘心情很好，她对她哥说，"我要把这房子修得跟我好朋友赵郡主家一样豪华气派，修好了我要办聚会，把我所有好朋友都请来！"

她二哥忍不住翻了个白眼，撑了她几句："你是不是个傻子？我朝对住宅有明确规定，赵郡主是皇亲国戚，普通官员的家怎么能跟亲王家修得一样！"

"啊？是吗？"孙姑娘似懂非懂。又没人跟她说过，她怎么知道这事！

李小娘子笑着给她解释："你哥说得对，而且不同人的房子叫法还不一样呢。赵郡主住的房子可以叫'府'。我们的父亲都是普通官员，住的房子叫'宅'。百姓的房子叫'家'。"

"还有这么多讲究呢？"

"当然啦。再比如，咱们宅子大门口的乌头门，普通百姓家是不可以建的。只有六品以上官员家才可以。"

孙姑娘被科普了一番，原来装修房子还能讲出这么多学问。她和李小娘子跟着大家往里面走，准备参观一下房子的格局。王大人给他们介绍说，这栋房子是以前一个京官留下的，他去外地任职了，房子就托管给中介出售。可是因为房价比较高，一直没卖掉。

参观了一大圈，李小娘子和孙姑娘都感到惊讶，这房子比她们想象的还要宽敞，原本的装修也很大气，怪不得这么贵。只可惜房梁和地板的颜色都已经很暗了，看得出很久没保养了。

王大人跟孙家兄妹提议："这个地面可以重点搞一搞，用实木铺，高端大气上档次。"

"实木地板会不会容易被虫蛀？"李小娘子问。

"不会不会，耐用着呢。按照我的经验，用桐油浸泡木料，地板铺好之后在表面再刷一层漆，看起来就会光洁如新，而且不会有虫蛀问题。平时用水拖地，也不用担心发霉。多好啊！"

孙家大哥竖起大拇指称赞:"不愧是搞建筑设计的,见解就是不一样啊!就这么办,除了厨房和厕所,室内全铺上地板。"

"过奖啦,这不是我的主意。我朝建筑设计模板《营造法式》里面有提到怎么铺设地板,这本是我们部门每个人都必须熟读的书。"

"原来如此。我还有个问题,"李小娘子问,"室内如果全铺地板的话,会不会容易着火啊?我们汴京冬天那么冷,生炉子频率很高呢。"

孙家二哥抢答:"这个好办,水克火啊!我们可以在地板上刻上水波纹,再刻点儿鱼啊、水草啊、荷花之类的。房梁上再挂几个鸱吻图案的雕刻,不是说鸱吻可以吞火降雨吗?"

"你是不是个傻子!"孙姑娘好不容易有机会可以撑回去,她笑得浑身发颤,"水克火那是真的水,又不是让你画个水。与其用意念防火,你还不如指望消防队救你狗命呢。"

孙二哥咳嗽两声,闭嘴了。

王大人又说:"放炉子的地面可以单独隔开,用砖面铺地,再做一些雕饰。这样不仅可以避免火灾,而且美观大方。"

"好,听专业人士的。"

一行人继续往里面走,在王大人的讲解下了解新房子的建筑风格,并提出自己的装修需求。等到把房子里里外外全逛完,天都快黑了。

小知识

1. 执政大臣和亲王的住所称为"府",普通官员的住所称为"宅",百姓的住所称为"家"。见《宋史·舆服志》:"执政、亲王曰府,余官曰宅,庶民曰家。"
2. 宋朝规定,六品以上官员的住宅才可以建乌头门。乌头门的修建在唐朝十分流行,是贵族门第的标志,最早出现于《洛阳伽蓝记》。
3. 北宋时期,将作监官员李诫创作了《营造法式》,这是一部由官方颁布的建筑设计规范书。
4. 古人建房,通常会在屋顶安置鸱吻。相传鸱吻可以吞火降雨,安上鸱吻能避火。

家中不宽裕，怎么搞装修

周二郎最近春风得意，心情不要太好！因为他家终于攒够钱，租了一间地理位置还不错并且租金在他们承受范围内的铺面。兄妹三人凑了些钱，付了租金和押金，还剩一部分可以装修用。

一听装修，周家父母眼睛里就放光。他们在饭桌上热烈地讨论着，希望可以在装修店铺的同时把他们现在住的房子也搞一搞。

周二郎有些不解："我们现在住的房子是租来的，花钱装修，不就等于是给房东装吗？多不划算！"

"你这就不懂了吧，谁住在这里，房子就暂时属于谁。"周妈妈说，"装修得好一些，受益的不是住的人嘛！"

周二郎觉得哪里不对，但又无力反驳。

周妈妈又说："这个年代凡事都讲规矩，我们小老百姓的房子不能装修得太华丽，但也不能太寒酸啊。住着舒服了，才会觉得生活有盼头。"

"妈，我们也没钱把家装修得华丽……"

周妈妈顿时语塞，埋头继续吃饭。她在街市上做生意，经常路过一些富丽堂皇的房子，看着那飞檐上的雕刻，那华丽的乌头门……

说不羡慕那是假的。只可惜他们平民百姓是不可能住这样的房子的。唯一欣慰的是，她的儿子和女儿在官员的宅邸上班，吃得好住得好，主人家待他们也大方，也算是一种享福了。

周二郎说："明天我上夜班，下午才开工。我可以稍微早点儿去街上，去桥头找几个木工和泥瓦匠。刚租的店铺原来是家肉行，墙壁上有切肉溅上去的血迹，味道也不太好闻。我准备让工匠把墙面全粉刷一遍，再让木工做两个柜子，几张凳子，方便你们存放物品和休息。"

周家父母做生意经常走街串巷，他们几乎每天都会看见桥头和街市上聚集着一帮杂货工匠，他们会穿着能表明自己身份的服饰，凑在一起边聊天边等人雇请他们，价格十分公道。如果缺少材料，街上有专门的店铺，出售竹子、木料等等，很方便就能找到。

"那我们住的这里呢？"周妈妈不死心，还想给自己争取一下装修权利。

周爸爸赞同她："我觉得你说得对，我们在这里住了几年了，是该收拾一下了。房东人挺好的，从没涨过我们房租，他私底下还跟我说过，如果我们愿意，也可以攒钱买下这里。"

"买下来？"

"对啊，房东住在城里，郊外的房子他不常来，而且也不好出租。他想脱手换点钱。"

周二郎听完，心里开始盘算。虽说住在郊区太不方便了，但胜在房价便宜，房子也比城里的宽敞。他们兄妹努努力，省吃俭用个几年，想买下来也不是没有希望。于是，他也附和了他妈的话："那好吧，按你说的办，我们再凑凑钱，把家里也装修一下。"

"儿子，我就知道你会答应的！那我们回头好好商量一下怎么装修。明天我去城里，再买些饰品来，好好布置布置。"周妈妈开心极了。

📖 小知识

1. 宋人重视房屋装修，如《倦游杂录》记载："家有百千，必以太半饰门窗，具什器。"

2. 北宋汴京城内，如果想修缮房屋，可以去集市上找人，木工、竹工、泥瓦匠都能找到，这些人统称"杂货工匠"。《东京梦华录》记载："倘欲修整屋宇，泥补墙壁，生辰、忌日欲设斋僧尼、道士，即早辰桥市街巷口，皆有木竹匠人，谓之杂货工匠。"

3. 百姓家的房子不能建得超出规格，不能有太华丽的装饰，如重栱、藻井、飞檐等。如《宋史》记载："凡民庶家，不得施重栱、藻井及五色文采为饰，仍不得四铺飞檐，庶人舍屋许五架，门一间两厦而已。"

4. 宋朝南方人对房屋装修的热衷，如《白獭髓》记载："其或借债等，得钱首先饰门户，则有漆器装折，却日逐籴米而食，妻孥皆衣敝衣跣足而带金银钗钏，夜则赁被。"大致意思是，杭州有些人家里穷得揭不开锅了，也要借钱装修房子，老婆孩子连完整的衣服鞋子都没有，却还要戴金银首饰，晚上睡觉得借被子盖。

生子育儿

桃成
古人
100
天 2

朋友要生孩子了,送什么好

书房内,李小娘子和李郎正一边焚香一边品评前人文章,她的侍女周三娘送来一封信,说是孙姑娘遣人送的。李小娘子心想,孙姑娘最近和她哥忙着叮新房装修,很少有时间出门,今天突然送信来,难道是有什么事?

打开信一看,李小娘子恍然大悟,露出了微笑。一旁的李郎看见她的反应,不解地问:"有什么好事吗?"

"孙姑娘的大嫂刚生了个儿子,她问我要不要去看看小宝宝。"

孙姑娘的大嫂跟李小娘子很熟,怀孕前她们经常一起插花、品茶,如今她当妈妈了,李小娘子自然是要去祝贺一下的。她问李郎:"你要跟我一起去吗?"

"既然听说这个好消息了,当然要去祝贺一下。"

"好。那我让人准备一下要带的东西。"

那么,去探望刚出生的婴孩,需要带什么呢?李小娘子以为是给孩子的礼物,比如帽子、衣服、小被褥之类的,一问她妈才知道她想错了。

李夫人作为过来人,给闺女科普:"你说的这些婴儿用的物品,是孕妇生产前娘家人给准备的,寓意是催生。生孩子当天,朋友们去探望孕妇和婴孩,应该带粟、米、炭、醋。"

"啊?为什么?"

"这是我们大宋的风俗啊,一代代传下来的。"

李小娘子茫然不解,李郎更是一脸蒙。他们小年轻在这方面是一张白纸,之前也没凑过这样的热闹。细想来,在他们这一辈人中,就属孙姑娘的大哥生孩子最早了。

李小娘子想了想,对李夫人说:"妈,生孩子还有什么风俗吗?你一并给我们说说。多了解了解才能不闹笑话。"

"那就先从怀孕说起吧。孕妇怀孕满月后的第一个初一,她爸妈会用银盆或者彩色画盆装一束粟秆,用丝巾盖上,上面装饰花朵和通草并粘上五男二女的图,寓意多子多福。另外还要送盘子装的馒头,寓意是给孕妇'分痛'。"

"规矩还真不少呢。"李小娘子感叹,"是每次怀孕都要来一套这样的配置吗?"

"对啊,我生你的时候也这样。来,继续说,接下来就是落脐炙囟仪式了,在孩子出生的第三天举行:剪掉孩子的脐带残端,熏炙孩子的囟顶。这样一来,表示孩子已经不再是胎儿,而是个小朋友啦。"

李郎和李小娘子听得津津有味,觉得还挺有意思的。不得不说,这个时代的人很重视仪式感,无论是嫁娶还是生孩子,都有很多老祖宗留下来的习俗。这些习俗会让人感受到前人的智慧,以及人们对生活的重视与热爱。

李郎问:"再往后,是不是就是满月的洗儿会和孩子满周岁那天的抓周仪式了?"

"对的。你还知道这些?"

"听我同学说的,他前不久去参加了他姐姐家孩子的洗儿会。"

李夫人很欣慰:"多了解一下好,再过不久你们也得生孩子当父母的,都是要经历的。话说你们年纪也不小了,是不是该……"

李小娘子干咳两声:"妈,话题到此为止,别再说了。我可不想那么快结婚生孩子,很累的。"

"我也是,"李郎附和,"我得努力先考科举,学习重要。"

恰好这时侍女来禀报,说礼物已经准备好了,可以出发了。李小娘子赶紧抓住机会,跟李郎一起出门了。

📖 小知识

1. 宋朝女子怀孕及分娩时的习俗,如《东京梦华录》:"凡孕妇入月,于初一日,父母家以银盆,或镀,或彩画盆,盛粟秆一束,上以锦绣或生色帕复盖之,上插花朵及通草,帖罗五男二女花样。用盘合装送馒头,谓之'分痛'。""并牙儿衣物、绷籍等,谓之'催生'。就蓐分娩讫,人争送粟、米、炭、醋之类。"

2. 宋朝人十分重视初生婴儿的洗儿仪式,称作"洗儿会"。苏轼曾作《洗儿》:"人皆养子望聪明,我被聪明误一生。惟愿孩儿愚且鲁,无灾无难到公卿。"

3. 现存于台北故宫博物院的《麟趾图》相传为唐代画家周昉所作,描绘了后宫妃嫔侍女帮婴孩洗浴的场景。

4. 宋朝的儿科著作《小儿卫生总微论方》就有篇章专门记载了婴孩的护理,可见宋人对婴儿养护的重视程度。

去喝满月酒，带什么礼物好

时间过得很快，李郎感觉自己没多久前才去探望了孙家刚出生的小宝宝，一眨眼，他收到了孙家大哥送来的请柬，邀请他去参加儿子的"洗儿会"。也就是说，孙大哥的孩子已经满月了！

幸好上次从孙家回来的时候，李小娘子就提醒过他，要提前给小宝宝准备满月礼物。至于满月礼物的配置，他特地问过他妈，他妈说要送色彩鲜艳的衣服料子，还有果子。除了这些，他妈还特地帮他准备了用金和玉做的钱。

他妈骄傲地跟他说："普通百姓经济条件有限，一般是用绷绣在缎子上绣金钱的图案。但是孙家是大户人家，又是我们家未来的亲家，我们当然不能小气，要送就得送足金！"

"还是老妈想得周到。有你帮我准备这些，我省了不少心。"

"我不帮你准备，还有谁能帮你准备？你这一天天的都快钻进书堆里了。"

李郎笑了笑说："没办法，考试重要。考完我就解脱了。"

李郎的仆从周大郎备好了马车在大门口等候，李郎和他妈聊完，带着礼物开开心心喝满月酒去了。

生子育儿　131

  这一天的孙宅比李郎想象中的还要热闹,他不禁感叹,孙家父子的朋友可真多,客厅里全是欢声笑语。
  李郎的好朋友赵公子,还有妹妹李小娘子也已经到了。看见李郎,李小娘子和赵公子赶紧来打招呼。孙姑娘兄妹俩也一并跟了过来。
  "哥,你终于来啦,我们等了你很久了。"李小娘子说。
  李郎看了一眼熙熙攘攘的客人,说:"来的人可真多啊。"
  "这还不算多呢,小意思。"孙姑娘说,"等到我小侄子满一岁

(宋)苏汉臣《百子嬉春图》(局部)

了,来参加他抓周礼的人肯定会更多。"

赵公子说:"我围观过我表哥家闺女的抓周礼,还挺有意思的。"

他回忆了一下表侄女的抓周仪式。那一天,表哥表嫂在地上摆了很多东西,比如笔墨纸砚、小孩玩具、水果吃食、书籍针线等等,可以说是琳琅满目。然后表嫂把刚满周岁的表侄女抱到这一堆物品中间,看她先抓哪一个,通过这种办法来判断表侄女未来的志向。他记得表侄女当时抓的是一本书,为此表哥表嫂高兴了很久,觉得自家闺女以后肯定是个才女。

听赵公子描述完,孙家兄妹很向往,他们已经在期待孩子满周岁时的样子了。

大家聊了一会儿,洗儿会就开始了。孙家的侍女们端了一盆水出来,这可不是普通的水,而是加了各种香料的汤水,里面还有葱、蒜,以及各种颜色的果子、钱币等物,水盆的外面围了一圈彩线。孙姑娘的爸爸用钗子搅动水盆里的水,围观的亲友们也开始凑热闹,将自己带来的金玉钱币放到盆里。

孙姑娘不解地问:"这些仪式,是要做什么?"

李小娘子小声告诉她:"这一系列仪式,分别叫作围盆、搅盆和添盆。我妈之前告诉我的。她说这是我朝洗儿会的习俗,寓意都很好的。以后你这个小侄子一定平平安安,健健康康。"

这时候,只见几个妇人同时伸手,抢盆里竖起浮着的枣子吃。孙姑娘看呆了,问闺密:"那么你妈有没有告诉过你,她们这又是在做什么?"

"有说过,这也是一种习俗啦。说是已婚妇人吃了这盆里浮着的枣子,就会生儿子。"

孙姑娘不屑:"为啥都这么想生儿子,生女儿也很好的啊。我就觉得我比我哥让我爸妈省心。"

"咳咳。"李郎提醒孙姑娘小声点儿,不然被客人们听到,怪不好意思的。

一系列仪式很快结束,小宝宝被抱到盆里,洗得干干净净的,然后被剃去了胎发。孙姑娘的大哥大嫂看着孩子,满脸幸福的笑容,他们向来参加洗儿会的所有客人一一道了谢。

洗儿会结束,酒宴就开始了。客人们相谈甚欢,都在衷心祝福孙家添了个可爱的小宝宝。

📖 小知识

1. 《东京梦华录》记载了婴儿满月举办洗儿会的详细流程:"至满月,则生色及绷绣钱,贵富家金、银、犀、玉为之,并果子,大展洗儿会。亲宾盛集,煎香汤于盆中,下果子、彩、钱、葱、蒜等,用数丈彩绕之,名曰'围盆'。以钗子搅水,谓之'搅盆'。观者各撒钱于水中,谓之'添盆'。"

2. 北宋抓周习俗,见《东京梦华录》:"至来岁生日,谓之周晬。罗列盘盏于地,盛果木、饮食、官诰、笔研、算秤等经卷针线应用之物,观其所先拈者,以为征兆,谓之试晬。此小儿之盛礼也。"

3. 《宋史·曹彬列传》记载了北宋名将曹彬抓周的奇事:"彬始生周岁,父母以百玩之具罗于席,观其所取。彬左手持干戈,右手持俎豆,斯须取一印,他无所视,人皆异之。"后来曹彬果然以武功挂印,为节度使。

汴京民俗

这年头流行职业装

休假的日子里,周二郎也没闲着,而是卖力地帮他爸妈张罗鱼行的生意。"周家鱼行"自从开业以来,生意一直不错,每天的营业额比他爸妈以前走街串巷加起来还多。虽说店铺每天还有租金成本,但是跟日晒雨淋的叫卖生活相比,现在的日子可以说是好太多了。

快到吃中饭的时候,一个穿着长衫的小伙子来问路。他向周二郎打听:"你好,请问'久住王员外家'怎么走啊?"

"前面路口右拐再左拐就到了。"周二郎热情地给他指了个路,问他,"看你的穿衣打扮,是进京赶考的学生吧?"

"是的,我昨天半夜才到的汴京。在王员外旅店住了一晚上,出门买了点东西就不认得路了。你们汴京真的太繁华了,到处都是店铺,路口又多,七弯八拐的。"

周二郎哈哈大笑,又跟这位士子聊了会儿天,得知士子姓王,蜀中人士。他招呼王士子进店里坐会儿,给他倒了杯热茶。聊得熟悉了,周爸爸周妈妈热情地邀请王士子晚上来家里吃饭。

王士子很感激:"你们汴京人真是太热情了,真的非常感谢。"

"我祖籍不是汴京,在淮南一带呢。不过我爸妈年轻的时候就在汴京定居了。"周二郎说,"汴京民风淳朴,城中百姓又热情又仗义,是个很好的地方。"

"是的,感受到了!不过我有个问题,为什么这里每家店铺的人穿的衣服都不一样,大街上的人也穿着不同种类的衣服。有什么讲究吗?"

"当然啦,我们这儿流行穿职业装。"

周二郎给王士子一一解释了,哪些人是卖药的,哪些人是算卦的。再比如,对面街上香铺的员工,上班时必须穿披背,戴顶帽;当铺里站在柜台前的人则穿黑色的衣服,围着特定的腰带,但是不能戴帽子。这些人即便混在街上的人流中,大家也能一眼就看出他们是什么职业。因为京城不同职业的人,穿的衣服是有明显区别的。

"还真有这么多讲究啊!好神奇。"

"毕竟是京城嘛,常住人口多。而且不只是这些职业人群穿衣得当,就连街头的乞丐都得有乞丐的自我修养。乞丐们如果说话和举止没规矩,就没人待见他们,更不会施舍给他们。"

"原来如此。"

"就像你穿的衣服,我一眼就能认出你是个读书人。我们汴京的学子也大多是做这样的打扮,又斯文又儒雅,符合读书人的气质。"

被侧面夸奖了一番,王士子有些不好意思。恰好中饭时间到了,王士子去店门外的小吃摊买了几份吃食,邀请周二郎一家三口一起品尝。

王士子一边吃一边忍不住夸赞:"这满大街的路边摊,随便一家都这么好吃,我早上买的早点也十分美味。而且我发现,他们的餐具很干净,虽然比不上大酒楼的高档,但是都非常讲究。"

"对啊,汴京城的小贩都是讲究人呢。他们的货担还有小推车,

（北宋）张择端《清明上河图》（局部）　**王员外家旅店**

都设计得非常精巧，每天出摊前会擦得干干净净，丝毫不会马虎。"

"感受到了，汴京真是一座精致的城市啊，我好喜欢这里。"

"那就努力考中科举，争取留在京城做个官吧。"

"我努力。"

"加油，看好你呀！"

他们边吃饭边闲聊，王士子又向周二郎打听了一处便宜的房子，准备明天就搬过去。那房子就在周家斜对面，他跟这一家人相处得很愉快，平日里还能互相有个照应。毕竟，住旅店是一项不小的开支，离科举考试还有几个月，他得省着点儿钱花。

饭后，周家人继续忙生意，王士子怀着好心情回旅店读书去了。

小知识

1.宋朝对百姓衣着有严格的要求，宋太宗曾规定，如胥吏、平民、商贾、工匠、占卜以及不隶属于官府的民间艺人，穿衣服仅限于白色和黑色。但这一规定只维持了六年就解禁了。

2. 汴京各行业从业者的衣着要求，如《东京梦华录》记载："其士农工商，诸行百户，衣装各有本色，不敢越外。谓如香铺裹香人，即顶帽披背；质库掌事，即着皂衫角带，不顶帽之类。"

3. "久住王员外家"是北宋名画《清明上河图》中的一家旅店，"久住"的大概意思是旅店很舒适，适合长久居住，是宋朝旅店的广告语。画中，这家旅店二楼开着窗，房内有一位正在读书的士子，墙上还挂着书法条幅。可见，"久住王员外家"是一家适合进京赶考的士子入住的旅店。

这儿的人都是热心肠

热心的周二郎最近下班都在帮王士子收拾新家,忙里忙外好几天,总算收拾妥当了。为了欢迎这位新邻居,他决定用他的"员工折扣"请王士子在会仙楼吃一顿。会仙楼的酒席虽贵,但点几个家常菜还是相对便宜的,何况员工折扣能打对折!

王士子非常不好意思,他抵挡不住周二郎的热情,只好接受。眼下还没到吃饭时间,周二郎正在招呼客人,他帮王士子点了一壶茶和两种小吃,让他在窗边雅座先休息一下,看看汴京城的大好风景。

会仙楼地处闹市,透过二楼窗户能看见繁华的街市。王士子悠闲地享受着好时光,内心是满满的感动。自从他搬到新家,住在附近的邻居拿了不少日常用品给他,让他需要帮助尽管开口。尤其是周家父母,他们想起王士子那天迷路的事,对他的方向感不太放心,特地给他科普了汴京的各大街道,比如:买书去哪里,听曲看戏去哪里,逛夜市去哪里……

汴京入冬了,太阳一下山就开始冷。因此,隔三岔五就有邻居来给王士子送热水和热茶汤。邻居们觉得他一个人背井离乡来京城赶考不容易,应该多照应才是。

王士子先前只是听周二郎说汴京人热情仗义，这几天他是发自内心感受到了。他真的非常喜欢这座豪爽的城市，来到这里就像回到了家乡一样，有那么多人帮助他照顾他，他一点儿都不觉得孤单。

不一会儿，午饭时间到了。周二郎点了两荤一素一汤一凉菜，让王士子好好品尝一下会仙楼的美食。

周二郎说："我们酒楼的餐饮在京城可是出了名的，很多朝中官员也是我们家的常客呢。平时我可舍不得这么点菜，今天我们好好开开荤吧！"

"太破费啦。你们对我的照顾我不会忘记的，以后有机会一定报答你们。"

"谈什么报答啊，都是朋友，举手之劳。"

这时候，周二郎看见一位眼熟的小哥来店里打酒。那小哥是城门口一家脚店的伙计，脚店是没有酿酒许可证的，他们如果想做卖酒的生意，必须去正店批发。会仙楼自然就是正店了，几乎每天都会有脚店的伙计来打酒。

周二郎赶紧起身去招呼了这位小哥，给小哥打了酒，还把盛酒的银器一并给了他。小哥向周二郎道谢，说明后天抽空把银壶送回来。

王士子看得目瞪口呆，他问周二郎："你就这么把银壶借给他了？这壶不便宜吧？"

"挺贵的，得几十两银子吧。"周二郎没当回事，"我们老板说可以借的，也不是第一次借了。用完他们肯定是会还回来的，你放心。"

"汴京的民风真是好棒……"王士子震惊，直想竖大拇指。

二人又继续吃饭。窗外大街上传来一阵吵闹声，他们探出头去一看，原来是一个摆摊的小贩和一个买东西的人吵起来了。那个买东

(北宋)张择端《清明上河图》(局部) 脚店

西的人说话有口音，身上还背着行囊，应该是刚到此地的外乡人。他初来乍到，对京城不熟悉，没想到轻易就惹怒了这个小摊贩。

两人没吵几句，附近的人都围了过来，纷纷帮那个外乡人说话。原来小贩卖东西缺斤短两，被这个外乡人发现了，外乡人要求退钱，小贩不肯，情急之下就跟他吵了起来。幸好有热情的汴京人来帮忙，大家主持了公道，外乡人顺利拿回了被小贩昧走的三文钱。

王士子作为一个外乡人，这种画面令他心中十分温暖。周二郎看出了他的心情，笑着对他说："这种事几乎天天发生，汴京人的友善超乎你的想象。我爸妈说，几十年前他们刚来的时候，也遇到过这样的事，正当他们手足无措的时候，一大群汴京人路见不平一声吼！"

"哈哈，怪不得你爸妈这么热情，真的是入乡随俗了。"

"是啊，我爸妈受过别人的恩惠，立誓要把这份温暖和善意传递给遇见的下一个人。他们说，希望汴京的这种民风能一直传递下去，直到几百年，甚至几千年后，人们提起汴京也都会交口称赞。"

"一定会的！我相信。"

"我也相信。"周二郎很开心，"来，我们继续吃好吃的。"

📖 小知识

1. 《东京梦华录》中《民俗》一篇详细描写了汴京人的热情和仗义："加之人情高谊，若见外方之人为都人凌欺，众必救护之。或见军铺收领到斗争公事，横身劝救，有陪酒食担官方救之者，亦无惮也。或有从外新来邻左居住，则相借措动使、献遗汤茶、指引买卖之类。"

2. 宋朝官府不允许民间私自酿酒，有酿酒资质的店叫作正店，而那些没有酿酒权，只能从正店批发酒的店叫作脚店。如《清明上河图》中的"孙羊正店"和"十千脚店"。

3. 在《东京梦华录》中，作者孟元老对汴京城描述道："其阔略大量，天下无之也。以其人烟浩穰，添十数万众不加多，减之不觉少。所谓花阵酒池，香山药海。别有幽坊小巷，燕馆歌楼，举之万数，不欲繁碎。"能感受到他对这座城市充满了极致的热爱。

养老

没错,宋朝就有养老院了

周二郎下班回家,发现家里黑漆漆的,他爸妈竟然都没回来,这令他感到十分奇怪!按理说晚上是不会有人去鱼行买活鱼的,他们应该早关店下班了才是。

"难道是去邻居家串门了?"周二郎心想。他们在这里住了七八年了,左邻右舍都相熟,没准儿还真是去串门了。

大约半个时辰后,周二郎的爸妈总算回到了家。周妈妈手里还提了个篮子,里面是空的,看样子像是去送东西了。

"爸、妈,你们是不是去邻居家给人送吃的去了?"周二郎问。

"对啊,去刘妈妈家唠了一会儿嗑。刘妈妈也是不容易,寡居这么多年,儿子还生病去世了,可怜她白发人送黑发人啊。"周妈妈叹气,心里有些难受,"我们作为邻居,能帮就多帮她点儿。这不,我跟你爸今天关店后去夜市买了些小吃,我给刘妈妈送了一份去。"

"刘妈妈年纪很大了吧?上次见她,好像头发已经花白了。"

"是啊,六十多岁了。都不知道以后该怎么办,没有子女给她养老送终。"周妈妈很愁。

周二郎笑着劝慰他妈:"妈,你放心,刘妈妈这种情况,完全可以去福田院养老啊。官府管吃管住,每个月还会发米发钱呢!"

周妈妈大吃一惊:"什么?还有这等好事?"

"对啊,我也是听我们酒楼的客人说的。福田院就是我朝设立的养老院,鳏寡孤独的老人一旦满六十岁,就可以申请住进福田院,由官府赡养。"

"那太好了,我明天就去告诉刘妈妈这个好消息!"

在爸妈的好奇追问下,周二郎继续给爸妈科普了福田院这个温暖的国家养老机构。

福田院的前身是唐朝的悲田院,负责收容鳏寡孤独的老人,只要年满六十岁就可以入住。起初汴京有两所福田院,后来由于要收养的老人太多,又增加到了四所。住在福田院的老人,每人每天可以领一升米和十文钱。对于八十岁以上的老人,官府还会再给额外的补助,比如发放新米与柴钱等。

"如果有雨雪灾害和饥荒发生,政府还会去收容那些流落街头的老人,给他们提供救济和补助。所以每年冬天是福田院最忙的时候。"周二郎补充。

周爸爸听了半天,真想给大宋政府点个赞。这些政策简直太人性化了,帮助了很多无依无靠的老人。

"还不止呢。我朝推行以孝治天下,对于养老还有很多优厚的政策,比如侍丁制度。"

"那又是什么?"

"将来你们年纪大了,我们作为子女是可以减免税收和徭役的。因为老人不再是劳动力,没有经济来源,身体也不好,全靠子女侍奉。这是朝廷对民间养老实行的一项非常好的举措呢,大大减轻了有老人要赡养的家庭的负担。"

周妈妈露出笑容:"我朝律法真是太照顾老年人了,感动!"

"那当然,我一直觉得生活在这个朝代非常幸福呢。"

周爸爸对儿子很满意:"我发现,自从你去了会仙楼上班,文化素养提高了不止一点啊。这些知识你都是从客人那儿学来的?"

"对啊,会仙楼有很多有文化的客人,比如我大哥的老板李郎。他们来酒楼吃饭的时候,会跟我们闲聊,所涉及的知识面可广了。我不仅知道我们大宋朝的养老制度,还有慈善公益、社会法制、科举制度、兵役制度等。"

"没想到我儿子这么博学!"

"要想在汴京立足,对各项制度当然是了解得越多越好。"周二郎一脸骄傲。

第二天,周家爸妈把福田院养老的好消息告诉了刘妈妈,刘妈妈热泪盈眶,心中的大石头终于落了地。

小知识

1. 《唐会要》记载:"开元五年,宋璟、苏颋请建'悲田院',使乞儿养病,以给廪食。亦曰'贫子院'。"宋朝沿袭了唐朝这一养老救助方式,改悲田院为福田院。除了福田院,宋朝还设立过安济坊、居养院等福利机构。

2. 宋徽宗下令在全国范围内建立居养院,并规定:"居养鳏寡孤独之人,其老者并年五十以上,许行收养,诸路依此。"也就是说,当时宋徽宗把居养院赡养老人的年龄标准从六十岁降低到了五十岁。

3. 宋朝推行以孝道治天下,政府施行了"侍丁"制度,即有老人需要赡养的家庭,政府可减免其税收与徭役。
4. 宋朝基本法典《宋刑统》规定:"祖父母、父母在,而子孙别籍、异财者,徒三年。若祖父母、父母令别籍,及以子孙妄继人后者,徒二年,子孙不坐。"大致意思是子女如果不赡养老人,是会被判刑的。

官员退休了有没有养老福利

李郎今天去老师家补课,听他同学说了一件事。到家后,他忍不住跟他老爸李大人八卦这事。

"爸,我听说前不久街头有个屠夫和客人发生矛盾,他拿着剁肉刀吵架,一失手将客人砍成重伤。官府判了屠夫坐牢,但因为他是独生子,父母都已经八十岁了,所以被允许继续侍奉双亲,等父母过世了再服刑。"

李大人见怪不怪:"这样的例子,全国各地几乎每年都有,不足为奇。"

"是吗?我之前怎么没听说过。"李郎纳闷。

李大人笑话他:"你不是想考科举做官吗,怎么连朝廷的律法都不了解清楚?你刚说的这个是我朝律法《宋刑统》中的一项规定,叫作'权留养亲'。只要这个犯人没犯死罪,家中老人若没人奉养,是可以申请缓刑先回家赡养老人的。"

"可这样是不是有碍司法公平?"

"我朝以孝治天下,罪犯有罪,家中老人无罪啊,总得有人照顾的。"

"好吧。"

李大人想了想,也跟儿子说了一件今天上朝遇到的事。他一个熟悉的同事——水利工程部门的江大人今天被人弹劾了。这位江大人在老家有个七十多岁的老母亲,独居五六年了,可是江大人没有把她接到京城来照顾。理由是江大人的夫人嫌婆婆是个村妇,不想跟她一起住。皇帝听了这事,非常生气,罚了江大人半年俸禄,勒令他把老母亲接来养老。

李郎听完,深以为然:"这是对的啊,不然老太太一个人多可怜。幸好你和叔叔决定把我奶奶接到汴京了,不然你们也会被罚吧。"

"情况不一样啊,儿子。你奶奶刚六十出头,身子还很硬朗,之前也是她自己坚持不想离开老家,而且我和你叔叔安排了好几个侍女仆从照顾她的饮食起居,每年还给她寄钱财衣物,她过得挺好的。再说了,你还有个小叔叔在老家,她也不是无依无靠。"

李郎思考了一下他爸说的话,好像还是有道理的。他又问:"那么你们这些当官的人呢,以后年纪大了有养老福利吗?"

"当然有。你没听过有个词叫作告老还乡吗?在我朝,文官到了七十一岁就可以跟皇帝请求退休。退休后朝廷是不可能不管我们的,我们当官这么多年,多少有贡献啊。朝廷会负责我们的养老生活,而且养老待遇比前朝还要好。"

"看来退休金还挺丰厚啊。"李郎打趣他爸。

"还好还好,普通官员退休后能拿半薪,表现突出的官员能拿全薪。总之,安度晚年是肯定没有问题的。"李大人补充,"前提是我能活到七十一岁,并且退休前不犯什么大错,不然一旦被流放到荒郊野岭,那就不知道会怎样了……"

李郎咳嗽几声。这话听着挺吓人的,有句话叫"伴君如伴虎",

皇帝什么时候会生气，还真猜不出来。他只希望他爸和他叔能平安走到退休年纪，颐养天年。

李郎转移了话题："除了养老金，还有什么别的福利吗？"

"粮食衣物之类的实物补贴就不说了，有些福利制度真的很不错。"

李大人跟儿子娓娓道来。

唐朝五品以上官员退休可以拿半薪，宋朝在这一基础上有所提高，不仅给予实物补贴，还推出了很多优厚的政策。比如升官政策，即按照升官后的品级拿退休工资。还有荫补政策，即退休官员的子孙可以得到相应的官职。

李郎恍然大悟，然后笑着说："子孙荫补，不错啊。可惜你还没退休，不然倒是可以荫补荫补我。"

"想什么呢你，靠自己努力考科举不好吗！"

"开玩笑啦，哈哈。对了老爸，我还听说，有些特别能干的官员退休后虽然不用坐班，但会被安排干一些其他的工作。"

李大人点头："是有这样的案例，比如给皇帝的儿子当老师。"

"那敢情好，不用操太多心，听着还是个很体面的工作。"

李大人冷哼一声："算了吧，你以为给皇帝的儿子当老师很轻松？谁知道他聪不聪明，万一教不好赖你呢……"

李郎又咳嗽了几声，他决定不要跟他爸聊这个了，他爸真是个标准的话题终结者。

📖 **小知识**

1. 在宋朝，除非是犯了特别严重的罪（比如谋反），不然罪犯家中如果有年迈且无人赡养的老人，是可以判缓刑的，即等到父母过世，不再有养老责任的时候，官府才会对其进行刑罚处置。这一制度叫作"权留养亲"。

2. 宋朝官员的法定退休年龄是七十一岁，宋真宗曾规定："文武官七十一以上求退者，许致仕；因疾及有赃犯者，听从便。"致仕就是辞去官职的意思。

3. 宋朝对于家中有老人的官员，有一条比较人性化的规定：官员可以请求去自己的原籍或者原籍附近任职，方便照顾老人。

4. 根据《宋会要辑稿》中《职官》一篇记载，宋朝太宗年间，官员退休后能享受半薪养老金，"应曾任文武职事官恩许致仕者，并给半奉"，神宗年间，有功之臣退休后可以领全薪，"承务郎及使臣以上致仕，尝以战功迁官者，奉钱衣并全给"。

5. 文中提到的宋朝官员退休后的升官和荫补政策，详见《宋会要辑稿》："国朝，凡文武官致仕者，皆转一官，或加恩其子孙。观察使，防御、团练使，刺史及内职三班，即换环卫；幕职州县官改京朝官。"《宋史》也有记载："凡文武朝官、内职引年辞疾者，多增秩从其请，或加恩其子孙。"

丧
葬

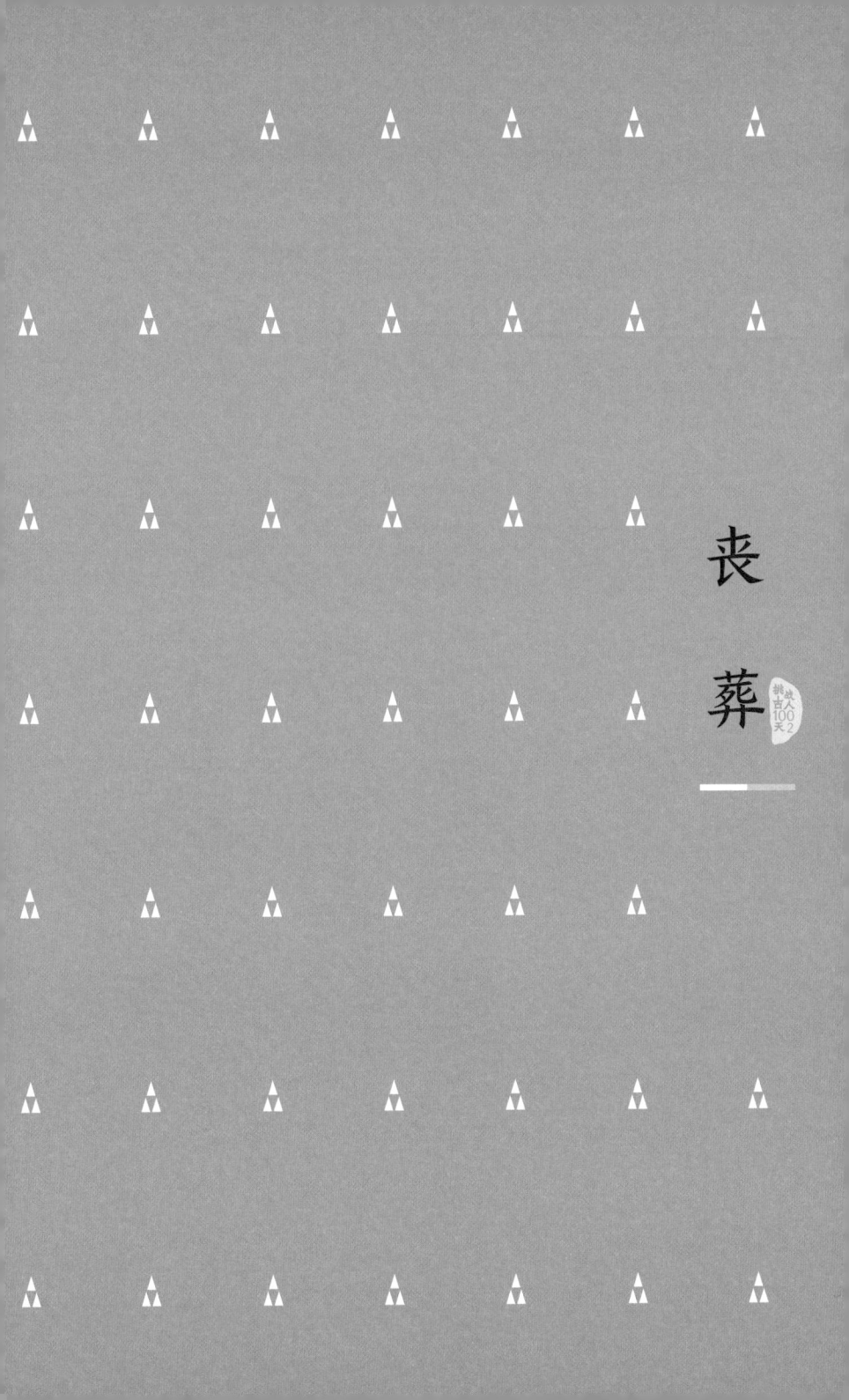

老人去世了，火葬还是土葬

入冬后，汴京城开始下雪了。孙姑娘和李小娘子来探望李郎，并邀请他明日一同去大相国寺烧香祈福。李郎也很想看雪天的寺庙，但他要陪他爸一起去吊唁过世的长者，只能委婉拒绝。

"去世的是朝中一位德高望重的官员宋大人，大家都叫他宋公。他是我爸曾经的老师，我作为晚辈，肯定要和我爸一起去吊唁一番，送他老人家最后一程。"

孙姑娘这才反应过来，怪不得她爸今天让她妈准备一身素一点儿的衣服，说是明天要去吊唁同事。原来如此。

气氛一下子安静下来。李小娘子叹了口气说："每年一到冬天，汴京城就有很多老人过世。真是太让人难过了。"

"是啊，冬天天冷，容易着凉生病，老人们身体本来就不好，身子骨不够硬朗的就会熬不过去。"李郎说，"城里那几所救助老人的福田院，也总在冬天办丧事。"

李小娘子问："你爸是不是很难过？他在哪儿呢，我们去安慰安慰他吧。"

"在书房呢。"

（北宋）高克明《溪山雪意图卷》（局部）

李郎带着李小娘子和孙姑娘走出客厅，一起到书房安慰他爸去了。

和李郎猜测的差不多，他爸眼睛都哭红了，看见几位小辈来，赶紧收拾了一下心情。三个人你一言我一语，宽慰李大人的心，让他节哀顺变。

李大人说："谢谢孩子们啊，生老病死逃不过的，我都明白。只是这事发生得太突然了，我还没做好心理准备，过两天就好。"

李郎问："爸，宋公的丧葬事宜怎么办啊？他为官清廉，我们要不要赙赠一些财物？"

"赙赠礼肯定要带的，你让人准备吧。"李大人说，"至于丧葬仪式，有一些分歧。宋公的大儿子说，等丧仪结束了，挑个日子让他入土为安。宋公的夫人信佛，她希望将宋公的遗体火化，送回老家安葬。"

宋大人是儒家学者，儒家倡导入土为安，不破坏逝者遗体，并主张"厚葬"。可是宋大人清廉，又经常捐钱给各个福利机构，家中没有丰厚的积蓄以支持隆重的丧葬礼。宋大人的夫人吃斋念佛几十年

了，她认为佛法说得对，重生不重死，死后回归自然，那么多得道高僧死后都是火葬的，这才是结束一生的最好方式，而且不需要消耗太多钱财。宋夫人坚持火葬，还有一个很重要的原因是，宋大人生前就很想回到故乡，死后落叶归根。

听到这里，李郎猜到宋家人肯定要为这事吵起来。他说："朝中官员大多信奉儒家文化，肯定是主张土葬的。我朝百姓选择火葬的倒是比较多，还有少数信佛的富贵人家也是。"

孙姑娘问："百姓为什么倾向于火葬逝者？"

"人多地少啊，大多数百姓是佃农，土地不是自己家的，想土葬也没地方。还有一个很重要的原因，百姓经济条件有限，没有能力厚葬逝者。买丧葬用品和雇送葬队，都得花钱。"

"这样啊……"孙姑娘沉默了一会儿，说，"我觉得吧，宋公是儒学大师，又是朝臣，朝中那帮老头可固执了，动不动就说'身体发肤，受之父母'，他们肯定会阻止宋夫人火葬宋公的，到头来还是得选择土葬。我一会儿回家跟我爸也说说情况，让他明天多送些赗赠金去。"

李郎觉得孙姑娘说得很有道理，他也准备多送点儿赗赠金，聊表心意。

商量完正事，李大人心情依然沉重。三个小辈继续陪他聊天，安慰了他许久。

📖 小知识

1. 亲友们去逝者的丧礼上吊唁，一般都会赠送财物，称作"赗赠"，这一习俗源自周朝。《仪礼·既夕礼》曰："知死者赠，知生者赗。"

2. 北宋初期，因战乱和人口流动大等问题，很多百姓会选择火葬逝去的亲人，如司马光在《司马氏书仪》中记载："世人又有游宦没于远方，子孙火焚其柩，收烬归葬者。"大致意思是，那些出门在外而过世的人，子孙会火化他的遗体，将骨灰带回家乡。

3. 火葬与儒学所提倡的"入土为安"相悖，因此，统治阶层是反对火葬的，并颁布了一系列诏令。如宋太祖颁布的"京城外及诸处，近日多有焚烧尸柩者，宜令今后止绝"，但由于种种原因，收效不大。

4. 人多地少，经济条件有限，这是百姓选择对过世的亲人进行火葬的主要原因之一。如《宋史》记载："河东地狭人众，虽至亲之丧，悉皆焚弃。"

5. 佛教的盛行也令宋朝人逐渐倾向火葬。火葬在佛教的术语是

"荼毗",很多高僧圆寂后弟子们都会举行火葬仪式。宋人洪迈在《容斋随笔》中记载:"民俗火葬,自释氏火化之说起,于是死而焚尸者,所在皆然。"

宋朝人怎么办丧礼

李郎换上了一身素服，跟他爸一起去宋大人家参加悼念仪式。自从昨天收到宋家的报丧消息，他爸的心情一直沉重到现在。仿佛是为了应景，此刻的天阴沉沉的，整个宋宅上下笼罩着悲伤的气氛。

一般来说，丧礼的主丧人是由逝者的长子或长孙担任。此外还需一个护丧人，协助主丧之人一同完成丧葬流程，护丧人也是从逝者的儿孙或近亲当中选出。在丧礼过程中，他们需要操持很多事情。

李郎一到灵堂就看见了宋大人的两个儿子，他们负责接待前来吊唁的人。跟在他们身后的还有几个年轻人，应该是宋大人的孙辈。这些人都披散着头发，神情十分难过。宋大人的夫人站在一旁，两眼红肿，看着像是哭了一整夜。

按照规矩，逝者的儿子三天内是不能吃东西的。李郎打量了两位宋郎君一眼，心想他们那么伤心，看着就很虚弱，三天不吃东西能坚持吗……不会晕过去吧？他把这个疑惑讲述给了他爸。

李大人说："实在熬不住了，家里人会让他们简单垫一口馒头或粥的。"

"那就好。"李郎放心了。

李大人带着李郎上前，去安置灵座的地方上香祭拜他的老师。也不知是因为香火熏人还是太伤心，李大人忍不住流起了眼泪。宋大人的儿孙们看见他哭，被感染了情绪，好不容易止住的眼泪又出来了。灵座前，众人哭成一团，最后还是后到的官员们过来劝住了。

孙姑娘的父亲孙大人也到了，他按照礼仪给宋大人上香，然后来找李大人说话："我听我女儿说，你也准备了不少赙赠金给宋公的家人。"

"我老师清廉，没留什么家底，这是我的一点儿心意。"李大人说，"宋夫人刚才跟我说了，虽然他们最终选择了土葬，但丧事尽量从简，薄葬就行了。"

孙大人叹了口气："确实是宋家人的风格啊。以往历朝历代，但凡是有官职在身的人，死后都讲究厚葬。我朝虽然主张薄葬，但还是有不少富贵人家崇尚厚葬之风。"

"要不是大家都反对，宋夫人还想举行火葬呢，她想把老师的骨灰带回老家。毕竟路途遥远，直接运送棺木不方便。"

"宋公走得也是很突然啊！他虽然年纪大了，身体一向还好的。"

"可不是嘛，我完全没做好心理准备。"

两人聊着聊着，都开始难过了。

李郎问："今天是宋公过世的第二天，按照规矩，一会儿要'小殓'吧？"

李大人点头："是的。"

宋朝的丧礼有"小殓"和"大殓"两个步骤。所谓"小殓"，就是在逝者去世的第二天，将他生前穿过的衣服系在遗体周围，并将遗体抬到小殓床上。"大殓"则是逝者的子孙们一同将逝者遗体放入棺木，并将逝者的衣服放在棺木的缝隙，等家人们做完最后的道别，就要钉上棺盖了。

大敛的时间，一般是在小敛第二日的清晨。而小大敛之后，逝者的家人还要为其守灵。这一系列的礼仪自古就有，在儒家十三经之一的《仪礼》中有记载。

等到丧礼结束，接下来就是葬礼部分了。

孙大人问李大人："宋公葬礼的日子选好了吗？到时候我们再送他一程。"

"理论上是要去找葬师算个好日子的，但我老师一向不信这些风水理论，他的夫人和儿孙们觉得要尊重他的意愿。宋夫人刚才跟我说，他们想尽早让老师入土为安，明天大敛后就定日子，到时候通知大家。"

"照这么说，应该很快就会下葬了。"

"差不多吧。"

两人聊了一会儿，忽然听见外面有较大的动静。一问才知道，原来是大内的人来送赙赠金了。宋大人的儿孙们赶紧擦干眼泪，出门相迎。大内来人如同皇帝亲临，再难过他们还是得讲究礼节的。而且这也说明，宋大人在朝中很受敬重。

📖 小知识

1. 宋朝的丧葬典礼主要分两个部分，分别是丧礼和葬礼。详细步骤为：初丧，治丧，出丧，墓葬，丧祭。
2. 古代讲究死后要厚葬，但是到了宋朝，这种观念慢慢发生了改变，王安石、范仲淹、司马光等名臣都主张薄葬。
3. 关于丧葬的时间，《礼记·王制》记载："天子七日而殡，七月而葬。诸侯五日而殡，五月而葬。大夫、士、庶人三日而殡，三月而葬。"北宋时期，大多数人会在三个月内完成葬礼，如司马光言："今世著令，自王公以下皆三月而葬。"

4. 宋朝丧葬相关的行业已经十分成熟，所需物品都能买到，《东京梦华录》记载："若凶事出殡，自上而下，凶肆各有体例。如方相、车舆、结络、彩帛，皆有定价，不须劳力。"

司法机构

挑战成人100天 2

京城发生刑事案件，归谁管

午后的汴京城，天气晴朗。虽然冬日里寒气大，但丝毫不影响会仙楼的生意。无论白天晚上，会仙楼都宾客满座，客来客往，热闹得很。

周二郎和往常每一天一样，热情地招呼着客人，给客人点菜，积极处理客人的需求。然而意外突然发生，二楼包间的甲客人喝醉酒，出来上厕所时不小心撞了坐在窗边那桌的乙客人，两人争吵起来，越来越激烈，还掀翻了好几张桌子。其他吃饭的客人怕被殃及，一哄而散，仓皇逃跑。

周二郎和会仙楼的老板上楼时，甲客人正把乙客人摁在桌上往死里打。周二郎怕出人命，赶紧上前准备拉架。可还没等周二郎走到，甲客人不知抽了什么风，竟然把乙客人从窗户推了下去。这可把周二郎吓坏了，他跌坐在地上，目瞪口呆，回头看他老板，老板也吓坏了。

开封府的官差很快来到现场，甲客人被捉拿，已经气绝的乙客人也被抬走了。

第二日，开封府升堂审理会仙楼伤人案，周二郎和酒楼老板作为目击者，也被请到了现场。这个案子并不复杂，很多客人目睹了是甲客人先动手打人，除了周二郎和酒楼老板，楼下街市的百姓也看见了乙客人是甲客人推下楼致死的。

退了堂，周二郎和老板总算可以离开了，他们都松了口气。

回酒楼的路上，周二郎对老板说："我昨晚一夜没睡，今天还得一大早赶来做目击证人，您看我这两个大黑眼圈……我下午能请假回去休息吗？"

"当然可以，因为我也一夜没睡，你看我的黑眼圈，比你还大一倍！"老板深有同感，"真是倒了八辈子霉了，碰上这种事，太影响酒楼生意了。明天你去找几个僧人来念念经，超度超度乙客人吧。"

"好的，老板。不过我还有一事不解，您为什么没主动向开封府请求让甲客人赔偿会仙楼的损失？幸好府尹大人公正廉明，依法判了赔偿，不然我们酒楼损失惨重啊！"

在这次打架事件中，酒楼的桌椅和餐具被砸坏了不少，尤其餐具价格都不便宜。还有那些被吓走的客人，他们当中有些人饭钱都没结算……周二郎粗略一估算，这得损失好几千两啊！

谁知，老板叹了口气说："我哪敢提啊！你可能还不知道甲客人是什么来头，他爸可是朝中高官。今天开封府的确按照司法判了这个案子，但是谁知道明天会怎样。他爸肯定会想尽办法为他脱罪。别说赔偿了，能不把我们会仙楼牵扯进去，我就烧高香了！"

"什么？还可以这样？这可是京城欸！"周二郎震惊不已，"这案子一目了然，很多人都可以作证的，甲客人家里还能怎么为他翻案？"

"唉，不知道啊，再看看吧。希望大宋律法能给一个公道。"

周二郎悻悻然，听老板这么一说，他总觉得事情没这么简单。

按照宋朝的司法程序，案件审判结束后，开封府要把案件详情和审判结果报给大理寺审核，大理寺审完报给刑部复审，刑部复审完了，还得呈送到审刑院再审，由皇帝亲自批复。这三个中央司法机构当中，审刑院是太宗年间成立的，由知院和六位详议官等官员组成，属于大内机构，最终决断权掌握在皇帝手里。

李郎去会仙楼吃饭的时候，偶尔会给周二郎普法，所以周二郎知道京城刑事案件的审核流程。他心想，这一层层上报审批过去，确实需要些时间。有句话叫迟则生变，万一老板说的事真的发生了呢？那乙客人死得多冤啊！周二郎心有余悸。

第二天一早，周二郎请了僧人来会仙楼念经。不过和老板担心的一样，这件事还是影响了酒楼的生意。

又过了几日，案子有了新进展，但是这一进展完全不在周二郎的预料中。老板跟他说，御史台把这个案子接过去继续审了。

周二郎脑子里打出了一连串问号。御史台又是什么机构？这个他是真不知道了。看来这个案子比他们想的都要复杂啊。

📖 小知识

1. 宋朝中央司法机构主要分为大理寺、刑部、审刑院。大理寺是全国最高审判机构，负责审核评判各地的刑事案件；刑部的职责是复审大理寺审判的案件；审刑院的权力则高于大理寺和刑部。

2. 审刑院于太宗年间设立，大理寺审判的案件经刑部复核后，再送到审刑院审核，最终由皇帝亲自裁决。审刑院是为了加强中央对司法权的掌控而成立的机构。神宗年间，审刑院被撤销，职能并归到刑部。

3. 开封府是北宋的京师府衙，级别与州、府相同，即地方级行政机构，但在司法上的权力比州、府大。发生在京城的刑事案件，审判权归开封府，然后上报大理寺审核，刑部复审。

案子涉及朝中官员，谁来查

马上就要到春节了，汴京城原本是一片热闹祥和的景象。可因为前不久会仙楼里发生了醉酒伤人案，并且案件牵扯很大，街头巷尾都在谈论，本应该欢乐的新年气氛也因此受到了一定的影响。

李郎温习完功课，跟前来和他对作业的赵公子说起了这个案子。正好他爸来书房找他借本书，顺着话题跟他们一起聊了起来。

赵公子说："开封府审这个案子的时候，我就听说了。本来以为是个很简单的刑事案件，人证、物证俱在，一目了然。万万没想到，最后是御史台把这个案子接了过去。"

"那是因为我们都没料到，这个案子涉及朝中官员。"李郎说，"官员犯了罪，罪名大的都由御史台负责审理。"

"到底发生了什么事？我最近没怎么出门，要不是你跟我说御史台来审这个案子，我到现在还不知道呢。"

李郎把事情简单说了一下。原来，开封府审判完案件的当天，犯罪嫌疑人甲客人的爸爸就去向府尹施压了，他千方百计阻止府尹把审判结果送去大理寺，还说案子疑点重重，勒令府尹重审。府尹一开始还疑惑，这案子那么清楚，有什么好重审的？后来他才知道，甲客人的爸爸买通了当时在场的一部分人,让他们作伪证。证词有了出入,案件就有了争议,只要重审,他们就能想到办法翻案。"

"哇哦,还可以这样?这是干预司法公正啊!"

"是啊,可惜这开封府尹也是个硬茬,人家偏偏就不畏权贵,还是把案子递去了大理寺。巧的是,大理寺卿早就听说甲客人的爸爸为官不正了,他们和刑部的负责人一商量,觉得此事并不简单。"

于是,开封府、大理寺和刑部强强联手,继续研究这个案子。不查不知道,一查吓一跳。刑部查出,原来甲客人他爸还真的有很多犯罪事实,不仅贪污受贿、徇私舞弊,还纵容儿子做过很多恶事。只不过以前事情没闹那么大,加上他官职高,受害人怕被打击报复,只能忍气吞声。

如此十恶不赦,那可了得!刑部把事情呈报给了审刑院,审刑院一看这事涉及官员,就让御史台接手,把案子的重心从甲客人转移到了他爸身上,争取彻底肃清。

"所以,事情就是你听到的那样,御史台已经开始查了,相信很快就会有结果。"李郎说。

赵公子感叹:"幸好这事发生在京城,京城各司法机构执法严明,不畏强权。要是发生在天高皇帝远的地方,没准儿就被遮掩过去了。"

李大人插话说:"那倒也未必,你们忘了,我朝可是在地方设立了提刑司的。提刑司某一程度上和御史台一样,对所辖州府有监察权。各州府如果有冤案发生,即便案件已定,涉案人员还是可以向提刑司申请复查的。"

赵公子点头称是:"确实,有了御史台和提刑司,很多错判或者强权人士从中作梗的案子,受害者可以及时上诉,讨回公道。我朝司法体系这么完善,真令人欣慰啊。希望这件案子能尽快结束,还那位枉死的客人一个公道。"

"其实还有另一个受害方，会仙酒楼。"李郎补充，"你们可能都不知道，会仙酒楼被砸坏很多东西，损失惨重！而且最近生意也受到了很大的影响。老板估计要崩溃了，本来京城优质酒楼就多，竞争压力大。"

"放心，我对我朝司法制度有信心，这事肯定能很快解决的。"赵公子说。

如他们所料，不久之后，御史台出了最终审判结果，甲客人和他为官不正的爸爸都得到了应有的惩罚。告示一出，百姓无不拍手称赞。

📖 小知识

1. 御史台是宋朝的中央级监察机构，除了负责监察司法工作，对触犯法律的官员拥有审判权。《宋史·职官志》对御史台职能的描述是"纠察官邪，肃正纲纪"，"群臣犯法，体大者多下御史台"。

2. 宋朝的地方司法机构分路、州（府、军、监）、县三级。其中"路"一级的司法机构是提点刑狱司，简称"提刑司"，其职能是监察所辖州府的司法工作。提刑司隶属中央，代表中央对所辖州府行使监察管理权。州一级的司法审判权归知州，县一级的则归县令。

3. 宋朝政府规定，各州府十日内要上报一次囚帐，如《宋史·刑法志》中记载："凡管内州府十日一报囚帐，有疑狱未决，即驰传往视之。"

科举制度

那些考中进士的人，都经历了些什么

时间飞逝，新年刚过完，一转眼就到了春闱的日子了。所谓"春闱"，就是在春天举行的第二轮科举考试——省试。

春闱第一天，李小娘子和孙姑娘都起了个大早，因为她们要送考生们去贡院。她们的亲戚朋友当中，参加春闱的有不少人，比如李郎、赵公子，还有孙姑娘的大哥。由于他们来得早，贡院还没开门，不过已经有很多送考和备考的人和他们一样，早早地等候在门口了。

李小娘子问孙姑娘："对了，你二哥怎么没参加省试？"

孙姑娘干咳一声："脑子不够聪明啊，在第一轮解试就被刷了下来。"

李小娘子露出尴尬而不失礼貌的微笑。她之前没听孙姑娘提过这事，要不然也不会问这么尴尬的问题了。

解试就是地方上的考试，又叫州试，按照现代人的理解方式，就好比全国考生海选，抑或是资格赛。考中解试的人叫作贡生，贡生可晋级，参加下一轮省试比赛的角逐。北宋人口众多，这两轮淘汰制考试竞争可以说是相当激烈了，孙姑娘的二哥没有考上也在情理之中。

(明)仇英《观榜图》(局部)

    李小娘子安慰孙姑娘:"你二哥其实挺聪明的,就是平日里读书少了些。你让他努努力,三年后再考吧。"

    "只能这样了。唉,又得等三年。青年时光太短暂,能有几个三年啊!"孙姑娘感叹,"如果像前朝那样,一年考一次科举就好了。"

    "一年一考对那些不在京城的考生来说太麻烦了,他们得从全国各地赶来,每一次都得消耗不少钱财。"李小娘子说,"而且,如果每年考一次,录取的进士人数太多,朝廷都不知道怎么安置他们。"

"也对，你说得有道理。"

李郎、赵公子和孙大哥走近她们，问："你们聊什么呢？这么投入。"

"在吐槽我二哥解试被刷下来的事，"孙姑娘大方承认，"话题过于尴尬，只能背着你们聊了。"

众人听了，都露出了尴尬而不失礼貌的微笑。此时此刻，孙二哥正在家里狂打喷嚏。

过了一会儿，贡院的大门开了。贡生们又紧张又兴奋，赶紧去门口排队，等候入场。李郎等人也迅速告别送考的家人，拎着行李排队去了。

孙姑娘："加油啊，你们可以的！"

李小娘子："三天后考完试我们来迎接你们，去大吃一顿！"

孙姑娘扭头问："什么？他们要考三天？"

"你不知道？"

"没人跟我说啊。"

李小娘子笑着解释："不然你以为，这些贡生一个个手里拎的行李是什么？除了笔墨砚台之类的考试用具，还有干粮和其他生活用品。这三天他们是不能出贡院的，吃喝睡全在里面。"

"这么严格啊！"

"对啊。为了防止徇私舞弊，我朝科举制度和前朝比，有了不少改革措施，其中一条就是锁院。等贡生们全部进场，贡院大门就会锁上，无论是贡生还是考官，都不可以中途离开。"

"三天，太难熬了。希望他们能顺利。"

孙姑娘发自内心觉得，想成为一个进士，实在太难了！首先得饱读诗书，在海选考试中杀出一条血路，然后跋涉千里来京城赶考，路上会遇到什么困难就不说了。到了京城还得花不少钱找落脚地，安顿下来后又得继续温习功课。好不容易熬到开考这一天，竟然要被关在考场里奋笔疾书三天。就这，还不一定能考上……

"幸好我是女孩，不用参加考试可真好。"孙姑娘沾沾自喜。

李小娘子微微一笑："现在是不用，没准儿过个几百年、一千年，女孩子也得考。"

"不是吧？那……祝福她们。"

这时候，贡生入场结束。厚重的大门被关上，考试就要开始了。

📖 小知识

1. 宋朝在沿袭隋唐科举制的基础上做出了改革，宋英宗时期，科举正式由一年一次改为三年一次，考试分三级：解试（州试）、省试、殿试。

2. 解试在各地方举行，又叫州试；通过解试的考生称为举人或贡生，可到京城参加省试，省试由礼部主持；通过省试的考生可参加殿试，殿试不实行淘汰制，参加者皆可录取为官，殿试由皇帝本人主持。

3. 省试一般在春天举行，因此又叫"春闱"。省试地址在贡院，连续考三天。为了防止作弊行为发生，考官和考生到贡院报到后都不能再离场，这一制度称为"锁院"。省试的考试结果由尚书省公布，第一名称为"省元"。欧阳修就曾考中省元，"少年举人，乃欧阳公也，是榜为省元"。

4. 宋朝为了防止科举中舞弊，制定了一系列制度。除了锁院制度，还有回避制度、糊名制度和誊录制度。

5. 回避制度又叫"别头试"，若考官的亲戚朋友参加考试，必须另设考场，由其他考官负责；糊名制度即把试卷上的考生信息全部密封起来，防止阅卷者私自打高分；誊录制度指的是有专人将考生的试卷抄写一份，考官看到的都是誊录版本，防止考生在试卷上做记号，或者考官通过字迹认出考卷是谁的。

宋朝科举要考几门课

省试结束的日子,贡院门口的人一点儿不比送考那天少。李小娘子和孙姑娘焦急地等在门外,她们虽然不用参加考试,但是心情和考生一样紧张,晚上做梦都在祈祷自己的哥哥和朋友们能考中。

"你说,他们考得怎么样啊?"孙姑娘拉了拉李小娘子的衣袖,"我紧张……"

李小娘子开她玩笑:"你紧张什么?是怕我堂哥考不上,你爸不同意你们的婚事?"

"都什么时候了,你还说这些!我是真的紧张。"

"我也紧张,但这种事紧张不来,尽人事听天命,努力了就行。"

两人有一搭没一搭地聊着,忽然听到有人说:"贡院开门了!"

李小娘子一看,果然,考生们陆续走出了考场。只见他们有的神情放松,似乎终于卸下重担;有的愁眉苦脸,大概没发挥好……

等贡院里的人差不多出了一大半,赵公子才露面,然后是孙大哥和李郎。从他们的神色中,李小娘子看不出什么情绪,她心想,至少没考砸。

"咦,这不是李小娘子和孙姑娘吗?你们也在啊。"人群中传来一个声音。

李小娘子和孙姑娘双双回头,原来是会仙酒楼的小伙计周二郎。孙姑娘问他:"你怎么来贡院了,有亲戚在考试?"

"是我的邻居,一位姓王的士子。他初到京城没什么朋友,我正好今天下班早,就来迎接他一下。"

李郎等人走近了,正好听到周二郎的话,李郎夸赞:"没想到你还是个热心肠呢。"

"这是汴京民风嘛,大家都一样,热情、仗义,哈哈。"

孙姑娘对大家说:"我在会仙楼订了个大包间,庆祝大家考完。走,我们去大吃一顿吧。"

恰在此时,王士子走出了贡院,周二郎拼命向他打招呼。李郎一看,原来王士子就是坐在他隔壁的那位考生,入场时他们还见过。于是,李郎邀请王士子和他们一同前往会仙楼,共进晚餐。

饭桌上,李郎问王士子:"你好像有心事?是没考好吗?"

"可能是太紧张了吧。"王士子说,"赋是我的弱项,我有些担心。"

赵公子安慰他:"没关系,每个人都有弱项。我的诗就很一般。"

"幸好《春秋》和《礼记》我熟悉,天天背诵。诗策论我也还好。"

孙姑娘听得一头雾水,不由得发问:"你们在说什么?是考试内容吗?你们考科举一般都考些什么,说来听听呗。"

李郎说:"这得看什么科,礼部贡举,分进士、《九经》、《五经》、《开元礼》、《三史》……"

"停停停,太复杂了,听不懂。"孙姑娘更加蒙,"你就说说你们这次进士科考些什么吧。"

（南宋）刘松年《山馆读书》

"进士科的话,需要考诗、赋、论各一首,策五道,帖《论语》十帖,对《春秋》或《礼记》墨义十条。"

"还是有点儿复杂。怪不得你们整日埋头读书,要记的东西还挺多呢。"

李小娘子说:"都说学子寒窗苦读十年,就为了有朝一日金榜题名。只要结果是好的,吃再多苦都值得。"

这句话，在场所有人当中，王士子是最感同身受的。他是平民家庭出身，家中也不富裕，这些年来父母努力工作赚钱供他读书，就是希望他能出人头地。前朝虽然也开科举，但就算考中了进士，也不一定能谋一官半职，但本朝就不一样了，所有进士及第者，皆可录取为官。

王士子深呼吸："这次春闱极其重要，只要能考上，我此生无憾了。"

"不是还有一轮殿试吗？"孙姑娘疑惑。

李郎给她科普："从嘉祐二年开始，殿试只分名次，不淘汰。也就是说，只要能在省试中上榜，殿试结束后就会被授予进士，成为天子门生。"

"是的，所以我很紧张。"王士子附和，"对于我们这些平民百姓来说，科举是唯一公平公正的入仕机会。只要进士及第，就有机会出人头地。"

孙姑娘点点头："明白了。闲话不多说，那就祝大家都能考中吧，我们来举杯。"

"祝你们进士及第。"

"谢谢大家，一起努力。"

考完试，大家的心情都放松了很多，他们边吃边聊天，从太阳落山一直聊到月亮升起。

📖 小知识

1. 北宋初年，科举考试内容大体沿袭隋唐，《宋史》记载："初，礼部贡举，设进士、《九经》、《五经》、《开元礼》、《三史》、

《三礼》《三传》、学究、明经、明法等科,皆秋取解,冬集礼部,春考试。合格及第者,列名放榜于尚书省。凡进士,试诗、赋、论各一首,策五道,帖《论语》十帖,对《春秋》或《礼记》墨义十条。"

2. 宋仁宗年间,范仲淹对科举进行改革,考试内容为策、论、诗赋三场;宋神宗年间,王安石推行新法,废除了明经诸科,只留进士科,进士科考经义和时务策,同时增加了明法科,考法律和断案。

3. 北宋初期,殿试是有淘汰制的,到了宋仁宗嘉祐二年,朝廷对科举制度进行改革,取消殿试淘汰制。也就是说,所有在省试中上榜而得以参加殿试的人,都可录取为进士。如《燕翼诒谋录》记载:"嘉祐二年三月辛巳,诏进士与殿试者皆不黜落。"

4. 据《登科寻》载,南宋理宗时期,宝祐四年,科举录取进士601人,其中官僚出身的是一百多人,平民出身的有四百多人。从中能看出,寒门学子在宋朝是有很大机会实现理想抱负的。

兵役制度

文化水平不够，有机会逆袭吗

周二郎下班回到家，看见王士子正在他家院子里帮他爸妈干活。他爸刚买了几担柴，需要归置一下。和王士子一起来帮忙的还有住在附近的几个小年轻。

周妈妈忍不住夸王士子："小王真是个好人啊，不仅一表人才，还有文化，乐于助人……再过不久科举就放榜了，我觉得小王肯定能高中。"说完，周妈妈看了一眼周二郎，"儿子，你好好跟人家学学。"

周二郎点头称是，他有些无奈："没办法，我从小没读过什么书，想去考科举也晚了。"

"所以我也没指望你能跟人家小王一样有机会出人头地。"周妈妈心酸，"有一种孩子叫别人家的孩子，我羡慕一下就行了。"

王士子被夸得不好意思，他笑着对大家说："读书不多没关系，只要有一身本事，也是有机会逆袭的。"

离王士子最近的 A 青年惊喜，赶紧发问："什么机会？"

"参军。只要立足够的军功，就有机会成为武将，将来在朝廷占有一席之地也不是不可能。"

B青年也心动了:"真的吗?像我们这样的无业游民,也可以去报名参军吗?"

"当然可以啊!"说话的是周二郎,"我朝和前朝不一样,实行的是募兵制。朝廷征兵遵循自愿原则,而且没有身份限制。只要你四肢健全,有一颗报国之心,就可以成为一名光荣的军人。"

"哟,你怎么知道得这么清楚?难不成也想去当兵,偷偷做过功课?"A青年觉得奇怪。

周二郎一脸骄傲地说:"我们酒楼的客人大多非富即贵,还有不少是官宦人家,平时听他们聊天,耳濡目染,当然能学到些有用的知识。"

"那照你们这么说,我们当了兵,立下足够多的军功,是不是也可以当官啊?"

"没错,这是你们逆袭的唯一机会。"周二郎指了指王士子,对大家说,"人家王士子学富五车,考中进士是迟早的事。你们去当了兵,以后万一成了将军,还能一起上朝呢。"

王士子再次不好意思,脸都快红了。

其他青年听了周二郎的话,眼前一亮。这么宝贵的逆袭机会,当然要珍惜啊!

唯独B青年持怀疑态度:"真的假的?这概率得多低啊……有过这样的先例吗?"

"有啊,我朝名将狄青狄将军,他在战场杀敌无数,一路开挂逆袭,后来还当了枢密使呢。"

"这么厉害?来给我们讲讲,他是怎么做到的!"

在大家的好奇追问下,王士子给他们详细讲了狄青文化水平不高,却弯道超车走上人生巅峰的励志故事。

狄青出身贫寒，十六岁那年因他哥哥跟人打架，狄青代替兄长受过，被关进了监狱，脸上还被刺了字。入狱后的狄青被发配充军，他从最低级的士兵开始做起，在战场上杀兵斩将，屡立奇功。据说他打仗的时候经常戴着铜面具，披散着头发，所向披靡，敌人都害怕他，无人敢挡。

后来，狄青被推荐给了韩琦和范仲淹，深得二人赏识。范仲淹送了狄青一本《左氏春秋》，对他说，将帅如果不知古今，就只是匹夫之勇。狄青受到鼓舞，开始认真研读兵书。从那以后，他立下了更多的军功，名声也越来越大。

最终，狄青靠着自己的努力一路升官到枢密使，连皇帝都对他欣赏有加。

王士子说完这个故事，青年们都受到了鼓舞，热血沸腾，恨不得马上去报名参军。

王士子看出了他们内心的波动，补充说："狄青在监狱待过，这样的经历并不光彩，可他并没有因此轻贱自己，而是越挫越勇，成了本朝赫赫有名的大将军。狄青能凭借自己的本事闯出一番天地，你们肯定也可以的。加油哦。"

"嗯！我们一定好好努力，争取以后有机会跟你同朝为官！"

"我能不能考中还不一定呢，你们话别说太满……"

"我们相信你肯定可以的。"

大家又商业互吹了一番，他们一边笑着聊天，一边帮周家把活干完了。周妈妈为了感谢大家，给他们做了一顿丰盛的晚餐。

小知识：

1. 隋唐沿用源自西魏的府兵制。府兵制的最大特点是"兵农合一"，朝廷在全国各地设置兵府，农民平日里耕地劳作，空余时间训练，有战事就得去兵府报到，准备出征。

2. 宋朝实行募兵制，和府兵制相比，募兵制一个很显著的特点是，不强制百姓服兵役，入伍参军遵循自愿原则，且没有门第限制，即便是流民也可以参军。

3. 募兵制下，军人成了一种职业，并且一日入伍，终生为兵。所有士兵平日都在军营进行集中专业的训练，朝廷提供所有军需，每个士兵月月都能领到钱财和实物补贴。

4. 狄青的故事，详见《宋史·狄青传》。宋仁宗曾让狄青想办法去掉脸上的刺青，狄青却说："陛下以功擢臣，不问门第，臣所以有今日，由此涅尔，臣愿留以劝军中。"这也反映了当时的募兵制下，百姓参军没有身份限制，朝廷提拔有功之臣，不问门第出身。

在宋朝当兵，福利待遇好不好

晚饭后，周二郎留王士子在家小酌两杯。今天会仙楼的老板心情好，赏了他一小坛酒，他准备跟好朋友一起分享。自饮自斟没啥意思，而且他的酒量也不怎么样。

"来，这可是我们酒楼的断货王——玉醑酒，卖得不便宜呢！"周二郎给王士子满上，"尝尝。"

王士子很开心："之前就听李郎和赵公子夸赞会仙楼的玉醑酒，没想到我也有机会喝到。"

"我们酒楼自酿的美酒可多了，下次我再给你带！"

"可惜那帮小子都走了，没有这个福气喝到美酒。"

王士子说的，就是晚饭前在周家院子里帮忙干活的那帮年轻邻居。

周二郎笑着说："估计他们被你激励到了，正在家里锻炼身体呢。"

"真准备报名参军去啊？"

"当然，他们可不是说说的。这样挺好，保家卫国是好事啊。"

二人一边喝酒，一边就当兵这一话题继续聊天。

周二郎虽然听客人们提过不少本朝募兵制的事，但他毕竟是个小伙计，文化程度也不高，很多问题他想得不太明白。趁此机会，他一一向王士子请教。比如，他很好奇士兵的薪水是多少。应该不会太少吧？毕竟这是个随时会有生命危险的职业。

王士子端起酒杯喝了一口，慢慢给周二郎讲解。

宋朝的士兵分不同种类，比如禁军、厢军、乡兵和蕃兵等，每种士兵能领到的薪水也是不一样的。

禁军由朝廷直接管辖，是大宋的军事主力。既然是所有军人中最优秀的，薪水自然也是最高的，他们每个月能领到三百到一千文不等。厢军由马军司和步兵司管辖，属于役兵，平时都留在地方上干各种活，比如修路、修桥等。参加训练的厢军每月薪水是三百到五百文，没参加训练的，只能领到酱菜钱或食盐。除了钱财，士兵们也能领到粮食、衣物及其他必需品的补贴。

"看来，要想有晋升机会，首先得努力当上禁军啊。"周二郎说。

"是的，禁军是朝廷正规军，战斗力也是最强的。"

"那么问题来了，朝廷养这么多士兵，开销应该很大吧？"

王士子点头："这也是募兵制的劣势之一。前朝实行府兵制，朝廷不负责士兵的粮草和衣物，出征时士兵们得自己准备所有必需品。"

"自己准备？那负担得多重啊！百姓没有怨言吗？"

"还好，因为府兵制下的百姓是强制服役的，每家必须出一位男丁。但是有一个好处，有人服兵役的家庭可以不用缴税。所以在太平年代，还是有很多人愿意当兵的。"

"那他们不出征的时候，谁负责他们的日常吃喝？"

王士子笑了笑，又给周二郎科普了府兵制。府兵制实行兵农合一，没有战争的时候百姓就在地里干活，日出而作，日落而息，跟普通农民没什么两样。但他们得抽空锻炼身体，万一有战事了，他们得马上去报到，上前线打仗。

周二郎啧啧称奇："没有接受专业训练，战斗力肯定很'菜'。"

"两种兵役制度各有利弊吧。"王士子叹了口气。

作为一个熟读各种书籍的文人，王士子对兵书也不陌生，他很早之前就了解过历朝历代的兵役制度。拿本朝的募兵制来说，虽然征兵实行自愿原则，士兵的待遇好，积极性也高，但是除了军费开支大，还有一个很大的隐患，那就是很容易形成割据局面。

试想一下，士兵们常年在军营进行封闭训练，听的是直属领导的话，给他们发薪水的也是直属领导。如果这个领导心怀不轨，想拥兵自重，造个反什么的……

周二郎一哆嗦："不是吧，这有点儿吓人啊。"

"哈哈，没事没事。我能想到的问题，朝廷肯定也能想到，总有办法解决的。"王士子说，"无论是府兵制还是募兵制，都各有优缺点，得不断完善才行。"

"你说得对！不愧是饱读诗书的才子，能跟你做邻居太荣幸了，期待你金榜题名。"周二郎敬了王士子一杯。

再过不久，尚书省就要公布省试的录取榜了，周二郎由衷希望王士子，还有李郎、赵公子他们都能上榜。

📖 小知识

1. 关于宋朝各类士兵待遇，《宋史》记载："诸军自一千至三百，凡五等；厢兵阅教者，有月俸钱五百至三百，凡三等，下者给酱菜钱或食盐而已。自班直而下，将士月给粮，率称是为差;春冬赐衣有绢绵,或加布、缗钱。"
2. 募兵制的优点是,士兵自愿入伍,积极性高,在军队能得到专业管理和严格训练,战斗力强。缺点是朝廷军费负担重,且容易出现各地方拥兵自重的情况,影响国家安定。
3. 隋唐沿用了府兵制,士兵出征所需的兵器、干粮以及其他军需品,全部自备,朝廷不管分配。如《木兰辞》中,木兰代父出征前需要"东市买骏马,西市买鞍鞯,南市买辔头,北市买长鞭"。花木兰的故事就是在府兵制背景下发生的。
4. 府兵制下,百姓被强制服兵役,但可以免除赋税。对朝廷的优势是,兵农合一,士兵自给自足,朝廷不需要养兵,能免去巨大的军费开支。但缺点是,一旦发生战事,百姓负担加重,且士兵平日得不到专业训练,难管理,战斗力低,伤亡率高。

放榜日

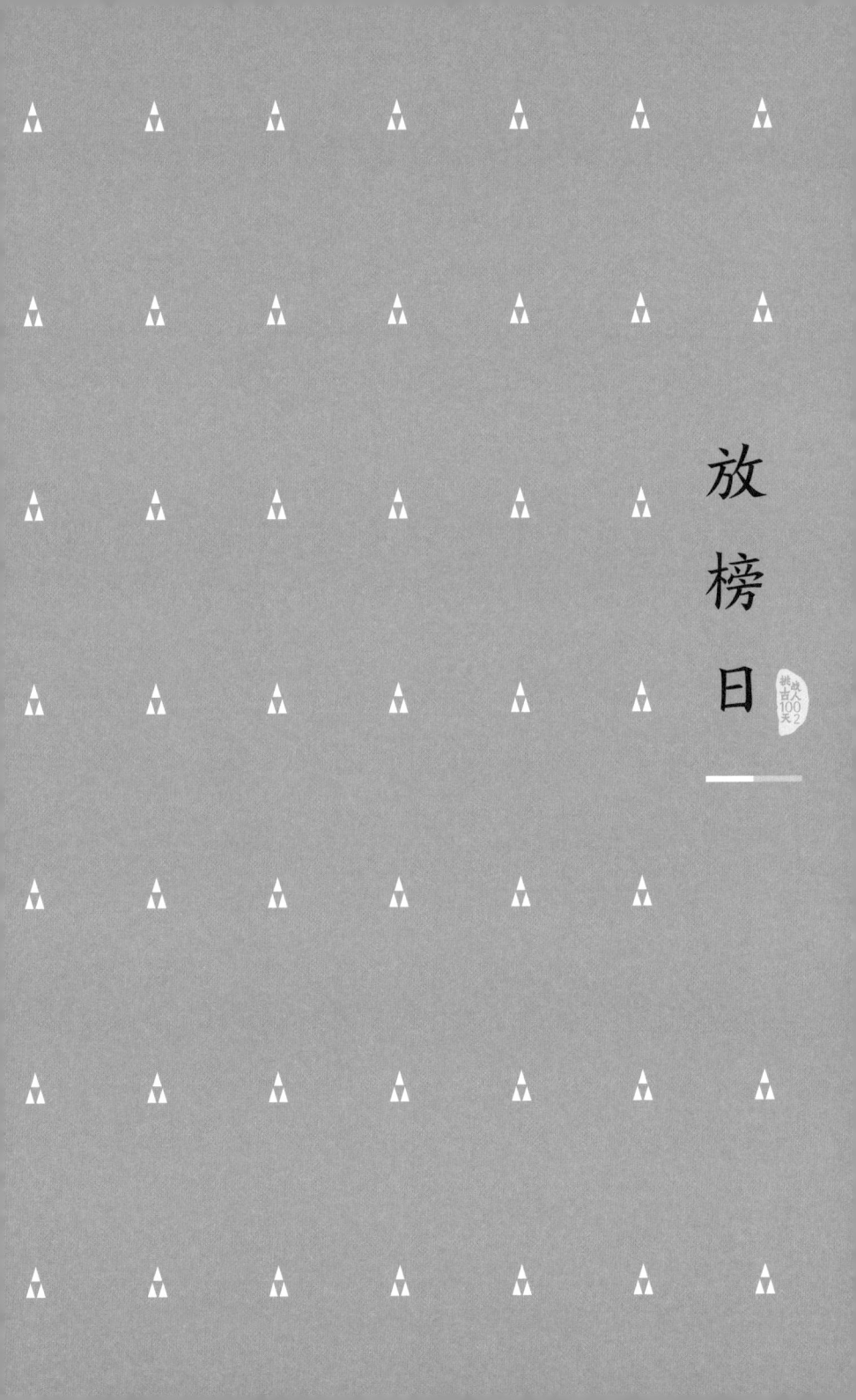

挑古成人100天 2

科举考试成绩是怎么公布的

自从尚书省公布了省试的上榜名单,李家和孙家就都笼罩在欢乐的气氛中,因为李郎、赵公子,还有孙家大哥全都榜上有名。一旦上了这个榜,进士就稳稳的了。因此,这几位考生也就没太大的心理压力了,都以最轻松的状态参加了殿试。

春日阳光和煦。转眼,殿试结束已有好几日,而今天就是发榜的大日子。李小娘子和孙姑娘激动得一夜没睡,大清早起床来到了东华门外。东华门外人群熙熙攘攘,很多怀着和她们一样心情的人在等候公布进士名次。上榜的进士们则已进了宫门,在殿外等候皇帝唱名。

"好紧张好紧张,"孙姑娘拍了拍胸口,"不知道排名怎样。我哥的省试成绩不是很靠前,我爸妈都担心呢。"

李小娘子安慰闺密:"别想太多,也许他殿试发挥很好呢。而且我哥是省试的第二名,有很大的希望入三甲,这下你家该高兴坏了吧?之前我哥还担心我们家门第没你们孙家高,怕委屈你呢。"

"才不委屈呢,我早就知道他肯定能考中的。"孙姑娘说,"不过最令我震惊的是那个王士子,他才是闷声干大事啊!"

周二郎的邻居王士子，平时看着低调，没承想在春闱中一举夺魁，成了本届"省元"。李郎则位列第二，赵公子第六，孙姑娘的大哥在一百名左右。

李小娘子说："我跟王士子接触不多，但是从他的谈吐能看出，他绝非池中之物，金榜题名不是梦。"

孙姑娘颇为赞同。她问："我们总说金榜题名，'金榜'一词是怎么来的？"

"科举榜文用黄色的纸书写，又代表喜庆之事，所以叫作金榜。"

"确实喜庆。只可惜现在考中进士都不寄录取通知书了，不然我

们就不用跑到这里来等张榜,直接在家等金花帖子就行了。"

孙姑娘所说的金花帖子,就是宋朝进士的"录取通知书"。这一习俗沿袭唐朝,每次进士考试结果出来,朝廷会去上榜的考生家里送金花帖子,上面写有进士的姓名和名次。不过到了宋太宗时期,为了表示对殿试的重视,皇帝会按照名次一一念出进士的姓名,这种公布方式叫"临轩唱名"。久而久之,唱名成了一种制度,慢慢取代了金花帖子。

孙姑娘想起一件事,她对李小娘子说:"我家里好像还保留着我太爷爷当年考中进士的金花帖子呢,他是那一届的第四名。也正是因为我太爷爷中了进士,入朝为官几十年,我们家才有今天的好日子。"

"你们家是书香门第,你爸不就是他那一届的榜眼吗。希望你哥能争点儿气,继续光耀门楣。"

"谁说不是呢!我每次去大相国寺烧香都虔诚祈求呢。"

人群中,周二郎正在四处张望。看见熟人,他赶紧挤到李小娘子和孙姑娘身边,跟她们打招呼:"好巧啊,两位美女。你们也来等放榜吗?"

"对啊。你怎么来了?"李小娘子问他,"这个点儿你们会仙楼正忙着呢,你老板肯放你出来?"

"王士子可是省试的第一名,我们老板巴结他都来不及呢!"周二郎说,"其实,就是我们老板让我来的,他说

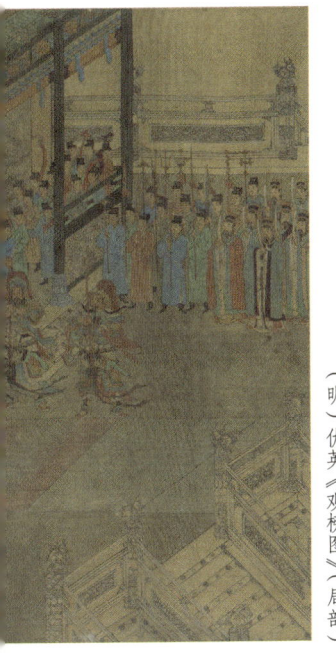

(明)仇英《观榜图》(局部)

等放了榜，要在会仙楼宴请王士子。"

孙姑娘八卦兮兮："你们老板这么殷勤，不会是看上了王士子，想找人家当女婿吧？"

周二郎一愣："你怎么知道？"

"不难猜啊。不过他没机会的，让他别瞎惦记了。"

"为什么这么说？"

孙姑娘神秘一笑，不肯告诉他。

这时，有一队人从宫里出来，看样子唱名已经结束。周二郎问了："今年省试上榜的有两百多人呢，怎么这么快就唱完名了？"

"以前录取进士人数少，皇帝会挨个唱名。后来殿试取消淘汰制，录取的人数太多，就改规矩了，皇帝只念前三甲，剩下的由官员传唤。"

"原来是这样。"

"快看！"有人指着宫门，"出来了，要张榜了！"

榜单一张贴，人群立刻沸腾了。

孙姑娘尤其开心，这一届的状元正是她的心上人李郎！而她的哥哥很争气地挤进了前二十，赵公子则考了第四名。

"哇！王士子是榜眼欸，第二名！"周二郎开心得几乎要跳起来，"我要去告诉我们老板这个好消息。"

看着周二郎乐颠颠地跑走，孙姑娘摇头叹气："殿试结束后，皇帝要在琼林苑宴请进士们，从这儿到琼林苑的路上，不少达官贵人和富豪的择婿车正等着呢。他们老板再不下手，王士子这个香饽饽就成别人的女婿了。"

李小娘子掩嘴笑。孙姑娘所说的，是宋朝张榜日的另一盛况——榜下捉婿。

📖 **小知识**

1. 唐朝科举考试后，进士榜单会张贴在贡院南墙，因榜单是黄色的，被称为"金榜"，"金榜题名"由此而来。如《唐摭言》记载："南院放榜，张榜墙乃南院东墙也，别筑起一堵，高丈余，外有壖垣，未辨色；即自北院将榜就南院张挂之。"

2. 宋朝太宗时起，除了张榜公布，皇帝会亲自"临轩唱名"，念出上榜进士的名字。《宋会要辑稿》记载："雍熙二年三月十五日，太宗御崇政殿试进士，梁颢首以程试上进。帝嘉其敏速，以首科处焉。十六日，帝按名一一呼之，面赐及第。唱名赐第，盖自是为始。"

3. 北宋初年，朝廷会给进士登科者送"录取通知书"，称作"金花帖子"。但随着皇帝唱名制度盛行，金花帖子逐渐不再被采用。《云麓漫钞》记载："国初，循唐制，进士登第者，主文以黄花笺，长五寸许，阔半之，书其姓名，花押其下，护以大帖，又书姓名于帖面，而谓之榜帖，当时称为金花帖子。"

4. 每一届上榜的进士都会被收录到官方编撰的进士名录中，如《宋史·选举志》记载："缀行期集，列叙名氏、乡贯、三代之类书之，谓之小录。"

宋朝人为什么喜欢榜下捉婿

琼林宴结束后,王士子一整夜没回来,周二郎又担心又纳闷。他爸妈安慰他说,王士子应该是心情好喝多了,顺便在某个朋友家住下了。周二郎觉得不太可能,王士子不是爱喝酒的人,不应该喝得忘记回家啊……

到了第二天下午,王士子才出现在家门口。送他回来的是李郎和孙家大哥。

"怎么现在才回来啊?"周二郎迎了上去。

王士子不太好意思开口。孙大哥哈哈大笑说:"要不是找了我爸帮忙,他到现在还不一定能回来呢。"

"发生什么事了?"周二郎更加好奇了。看王士子的样子,也不像是宿醉了。

李郎说:"他被权臣高大人家的人请走了,遇到了传说中的榜下捉婿。"

事情是这样的。琼林宴一结束,权贵高大人家的人就把王士子请了去,说是有要事相商。到了高府,王士子才知道,高大人想把小女儿嫁给他。他早就听说本朝有榜下捉婿的习俗,没想到竟然被自己给碰上了。不过他对高家没什么好感，果断拒绝了。

高家哪里肯让煮熟的鸭子飞了，软硬兼施，非得磨着王士子答应不可。王士子又好气又好笑，他想不出别的办法，只好硬扛。

幸好，王士子被高家人带走的时候，李郎正好看见了。李郎猜到会出这样的事，马上去找了孙家大哥。孙大哥又去找了他爸孙大人。最终还是孙大人的面子好使，他亲自去高家当说客，高家才不太情愿地"放人"了。

"岂止高家啊，最近可能还会有很多富豪权贵来找他当女婿。"孙大哥忍不住想笑。

周二郎目瞪口呆。怪不得孙姑娘说，让他老板别惦记了。敢情王士子早就被盯上了啊！

"他们为什么非得找王士子当女婿？"周二郎问，"为什么不找你们俩啊？"

"我孩子都快能下地走了，找我干吗？"孙大哥说，"李郎和我妹有婚约，这也不是什么秘密了。他们既然想捉婿，肯定早就做好调查工作了。像王士子这种单身、颜值高、考试排名靠前、在京城又暂时没根基的潜力股，才是他们眼中的香饽饽。"

周二郎表示不太理解。他又问："我朝的富贵人家，为什么要榜下捉婿？"

"我朝官员大部分人是进士出身，进士可是潜力股，没准儿将来就成了宰相、枢密使。"李郎说，"比如仁宗年间的状元冯京，就曾被外戚张家带走。张家欲强行将女儿嫁给他，冯京不从。后来，冯京娶了宰相富弼的女儿，官拜枢密副使、参知政事，可以说是风光无限了。"

"难怪呢！"周二郎感叹。

榜下捉婿是在宋朝科举制度下产生的一种习俗。宋朝不像唐朝，没那么重视门第出身，中进士的人又都能做官，因此不少富商和官宦人家都想给自己的女儿选一个新科进士当夫婿。

听了李郎和孙大哥的话，周二郎觉得自己老板的女儿可能没戏了，支支吾吾不敢开口。下班前，他老板可是特地拜托他，明天一定要把王士子请去会仙楼吃饭的！

这时，孙大哥对王士子说："你这样下去也不是办法，没准儿明天又有人把你带去成亲了。要不你从这些人中选一个，从了吧。"

王士子脸一红，不好意思地开口："我其实……有喜欢的人了。"

"什么？你不会在老家订亲了吧？"

"没有……"

"那你喜欢的人是谁？"

在孙大哥的再三追问下，王士子才道出实情。上次孙家办聚会，孙姑娘邀请了他，他在聚会上跟孙姑娘的表妹张姑娘一见钟情了。

孙大哥和李郎都震惊了。震惊完，孙大哥又高兴地笑了："这就更好办了，我那张家表妹也是单身，没婚约。你这事包在我身上了，张家肯定求之不得，你就等着当我表妹夫吧。"

周二郎心里咯噔一下，这下他老板彻底没戏了。

📖 小知识

1. 科举考试是宋朝朝廷选取官员最重要的途径，百官之中由科举选拔上来的占绝大多数。因此北宋汪洙在《神童诗》中写道："满朝朱紫贵，尽是读书人。"
2. 宋朝人择偶不注重门第出身，更重视能否在科举中脱颖而出。

宋人笔记《萍洲可谈》记载："本朝贵人家选婿，于科场年，择过省士人，不问阴阳吉凶及其家世，谓之'榜下捉婿'。"

3. 殿试之后皇帝公布进士名次，并在琼林苑设宴款待新科进士，称作"琼林宴"。琼林苑与金明池相对，很多富贵人家会一早准备"择婿"车，在去往金明池的路上等候。如王安石的诗句："却忆金明池上路，红裙争看绿衣郎。"绿衣郎指的就是进士。

4. 冯京的故事，详见《宋史·冯京传》："（冯京）时犹未娶，张尧佐方负宫掖势，欲妻以女。拥至其家，束之以金带，曰：'此上意也。'顷之，宫中持酒殽来，直出奁具目示之。京笑不视，力辞。"

游园

成人古挑次100天2

皇家园林会定期对外开放

科举结束了,进士榜单也公布了,对于刚中状元的李郎来说,美好的人生才刚刚开始。

李郎的爸妈觉得,儿子这半年来几乎每天都在书房认真温习功课,好不容易熬到考试结束,得出去好好放松一下,约朋友聚聚会,吃吃饭什么的。于是,他们让李小娘子组个局,年轻人一起出去热闹一下。李小娘子欣然应允。

这天下午,李郎收到了堂妹让人送来的邀请函。李小娘子在信上说,近日春色无边,金明池上好风光,她约了孙家兄妹、赵公子、王士子,还有刚和王士子许了婚约的张家姑娘等人,明天上午去金明池游园,让李郎务必腾出时间,准时出席。

李郎当然也想跟朋友们出去踏春,他很开心地给堂妹回了信,说明天一定参加。

金明池挨着琼林苑,位于汴京城的新郑门外。就在前不久,皇帝还在琼林苑款待了新科进士们,那日李郎风头很劲,他记忆犹新。

和琼林苑一样,金明池也是宋朝的皇家园林。但是每年春天,从三月一日到四月八日这段时间,这两个景点是对所有百姓开放的,而且不收门票！因此，这段时间金明池的游客络绎不绝，大家都想一睹皇家园林的风采。

第二天上午，李郎抵达了和李小娘子约定的地点。一群年轻人分坐几辆马车，开开心心去金明池郊游了。

王士子是外乡人，以前从没去过金明池，格外向往。他问李郎："现在正是踏春的季节，皇家园林对外开放，百姓岂不是都去游园了？"

"是啊，不仅有游客，还有很多做生意的商贩呢。这个时候去金明池摆摊，可是盈利的好时机。"

"在金明池摆摊的商贩一般都卖些什么？"

"什么都有，比如饮料、果子、小吃之类的，还有收费钓鱼的地方。"

"金明池钓鱼还收费吗？"

"对啊。"赵公子给王士子详细解释，"金明池的西岸没有房屋建筑，游客也比较少，但是风景十分优美。如果想在岸边钓鱼，得先向池苑购买牌子。如果运气好钓到了鱼，可以花钱把鱼买下，在岸边让人现做现吃，这可是相当难得的体验。今天我们要不要试试？"

孙家二哥赞同："这个主意不错，玩累了我们就去钓鱼。钓完鱼还可以租船游湖。"

听孙二哥这么说，王士子猜到了，湖边必定还有租游船的生意。他不得不感叹，汴京人太会做买卖了，万物皆可盈利，怪不得京城的经济这么发达。

李郎有些遗憾，对王士子说："可惜水军的水战演练已经结束了，不然我们还能看到龙舟争标赛，那才是金明池上最大的亮点呢。"

北宋初年，金明池曾是朝廷的水上军事演习基地。到了和平年代，军事演习的性质逐渐转变成了皇家娱乐盛会。但这一点儿都不影

（北宋）张择端（传）《金明池争标图》

响龙舟争标赛的紧张刺激。

"除了龙舟争标赛，还有水傀儡、水秋千等水上表演，都很精彩。"李郎说，"明年三月二十日，我们可以再来一次，见证一下金明池争标的盛况。"

"好啊！太期待了。"王士子说，"龙舟争标是只有每年三月二十日才有？"

李郎笑了笑，说："因为三月二十这一天，是皇帝驾临金明池的日子。"

王士子恍然大悟，原来如此。他早听闻本朝皇帝喜欢与民同乐，没想到每年皇家园林开园的日子，皇帝也会去凑热闹，还有大型水上杂技表演，真是太精彩了！

在大家的聊天中，金明池已经近在眼前了。

下了车，李郎很贴心地给王士子介绍金明池的布局，比如，池中间凸起的桥叫作"骆驼虹"，桥的尽头是五殿，五殿正好建在金明池的正中心……

此刻，大家正站在金明池的东门。天气很好，池边翠柳如丝，随风飞扬，连空气都是香甜的。风景这么美好，王士子忍不住闭上眼睛，深呼吸了一下，他觉得自己越来越爱这座城市了。

📖 小知识

1. 金明池是北宋时期的皇家园林，每年三月一日到四月八日这段时间，金明池会对外开放，百姓和官员都可免费游玩。《东京梦华录》记载："三月一日，州西顺天门外，开金明池、琼林苑，每日教习车驾上池仪范。虽禁从士庶许纵赏，御史台有榜，不得弹劾。"
2. 《金明池争标图》相传是北宋画家张择端的作品，描绘了春日金明池上龙舟激烈争标的场景。画作现藏于天津博物馆。
3. 金明池边有很多小商贩卖饮食给游客，饮食种类非常丰富。如《东京梦华录》记载："池上饮食：水饭、凉水荬豆、螺蛳肉、饶梅花酒、查片、杏片、梅子、香药、脆梅、旋切鱼脍、青鱼、盐鸭卵、杂和辣菜之类。"

论如何规划园林，宋朝高手很多

又到了一年清明节，按照汴京的习俗，这一天城内百姓都会出城探春，欣赏美景。

为了感谢周二郎一家对自己的照顾，王士子自己掏腰包，热情地邀请他们一家人去赏春游玩。周二郎的爸妈受宠若惊，毕竟王士子今时不同往日了，他马上就是朝廷官员，却还能想着他们这些小人物，周家人很感动。

就在前几日，王士子和李郎、赵公子这一批新科进士都被授了官，皇帝还给本届科考的前三甲赐了宅子。王士子喜提新房一栋，他很快就要搬到城里的宅子去住了。

周二郎很舍不得王士子，但是他由衷为王士子感到高兴。想想半年前他刚认识王士子的时候，王士子还是个普通的书生，没想到一眨眼的工夫，人家已经考上榜眼，成为高富帅，而且马上要迎娶白富美了。

周二郎受邀去王士子的新家参观过，不得不说，真的是令他羡慕到流泪啊！尤其是那个园子，还没收拾就已经很好看了，等整修完了还了得。他露出艳羡的眼神："我听说本朝很多富贵人家都有好几处园子，他们会把园子修得十分精美，足不出户就能享受到四季美景。"

王士子点头："是的，比如我朝名臣司马光的独乐园、富弼的富郑公园等，都是私家园林的典范。他们不仅治国有道，还很会享受生活。"

"你新家的园子，有想过怎么修整吗？"

"我们家园子不大，而且现在就已经很好了，我不打算大修。简单整理一下，种些花花草草就行。"王士子说，"孙家二哥正在帮我参谋这事呢，他在官府建筑部门将作监有熟悉的朋友，听专业人士的准没错。"

"嗯。等你的新家装修完了，能邀请我们去参观吗？"

"当然可以！不只是参观新家，等我办婚礼，我也会邀请你们全家来参加的。"

周二郎很感动，同时又有点儿难受。王士子和张家姑娘的婚事已经八九不离十了，估计明年他就要结婚了。而他呢，比王士子大一岁，却还是个单身狗，真是人比人气死人啊！下辈子他一定要从小认

（明）仇英《独乐园图》（局部）

真读书，争取也考个功名。

聊着天，他们很快抵达此行的目的地——城外的庶人园，这是汴京百姓最喜欢来的踏春赏景地之一。元宵节后，汴京的气候渐渐回暖，城外百花盛开，男男女女，踏春的、游园的、约会的，比比皆是。尤其是庶人园一带，百花绽放，莺飞草长，周边还有其他大大小小诸多园圃，游人完全不用担心没地方玩耍。

周二郎问："听说这附近还有很多富贵人家的园子，也对外开放？"

"对，就好比金明池和琼林苑，虽是皇家园林，但是会免费向百姓开放。那些富贵人家的私家园林也一样，只要给看园子的人一些茶水钱，就能进去游玩一番。"王士子说，"我听说洛阳有一处园子，由于园中牡丹开得太美了，每年都有无数游人前去参观。园子的主人每年春天靠游人给的茶水钱，都能有一笔可观的收入。"

"哇，那一定很漂亮。趁这个机会我要多逛几个园子，尽尽兴。"

"没问题，等游完庶人园，我们再去其他园林，挨个欣赏。"

"好嘞！"

城外春色正好,王士子带着周二郎一家开开心心玩了一整天,逛了好几处园子,直到太阳快落山才依依不舍地回家。

📖 小知识

1. 每年元宵节后,汴京人都会出城踏春。城外有很多对游人开放的园林,如《东京梦华录》记载:"州南,则玉津园、外学方池亭榭、玉仙观。转龙弯西去,一丈佛园子、王太尉园,奉圣寺前孟景初园,四里桥望牛冈、剑客庙。自转龙弯东去,陈州门外,园馆尤多。"

2. 庶人园是汴京城外的一处园子,《东京梦华录》记载:"州西北,元有庶人园,有创台、流杯亭榭数处,放人春赏。大抵都城左近皆是园圃,百里之内,并无闲地。"

3. 北宋文学家李格非的《洛阳名园记》中详细描绘了洛阳各私家园林的格局,其中包括宰相富弼的富郑公园、司马光的独乐园等。《宋史·李格非传》记载:"尝著《洛阳名园记》,谓洛阳之盛衰,天下治乱之候也。"值得一提的是,李格非的女儿就是著名才女,宋朝第一女词人——李清照。

4. 独乐园是司马光的私家园林,明代画家仇英根据司马光所写的《独乐园记》创作了《独乐园图》,画中景致,包括弄水轩、读书堂、钓鱼庵、种竹斋、采药圃、浇花亭、见山堂等。此画现藏于美国克利夫兰艺术博物馆。

婚嫁

成人100天2
桃吉

结婚不容易，流程很复杂

开年以来，孙家的好消息就没停过。先是孙大哥中了进士，未来女婿李郎中了状元，然后是孙姑娘和李郎婚礼的日子一天天临近。早在去年夏天，两家人就定好了良辰吉日，只等李郎在科举中高中，金榜题名，洞房花烛。

这一天的孙家沉浸在欢声笑语中，因为明天就是孙姑娘婚礼的正日子了，李家一大早派了人来"催妆"。李小娘子是跟催妆的人一起到的，一来李郎让她帮忙盯一下催妆仪式，二来她也想在闺密结婚前来探望探望。

"催妆"是宋朝婚礼流程中的一项习俗，即男方家在成婚前一天或当天早上派人来女方家，催促新娘子梳妆打扮，待嫁启程，同时会给新娘子带去婚礼上用的头冠、化妆品等。女方家则要回赠男方鞋袜、幞头、婚服等。

李家送来的东西琳琅满目，摆满了桌案。尤其是那顶私人定制的头冠，上面镶嵌着各色珠翠，一看就价值不菲。孙姑娘爱不释手，脑子里已经想象着自己戴着它出嫁的画面了。

李小娘子问她："怎么样，还满意吗？这可是我陪着我哥一起去挑的，我眼光不错吧！"

孙姑娘还未说话，她的表妹张姑娘抢答："岂止不错，简直太好看了。"

"既然你那么喜欢，等你出嫁了，我也帮你参谋参谋。"

张姑娘脸一红，羞涩地点了点头。

孙姑娘问表妹："你和王士子的婚事怎么说？"

"还早呢，得等他把他爸妈接到京城，两家一同商议。"

李小娘子点头："确实，婚姻是大事，还是需要父母之命、媒妁之言的。"

约半个月前，王士子启程回老家了，他要亲自把他的父母接到京城来。而在此之前，他高中榜眼的消息就已经送回去了，他的家乡估计早就沸腾了。

王士子临走前对张姑娘说，等他禀明父母，就找媒人去张姑娘家说亲，一定风风光光把她娶进门。张姑娘是他们这一辈兄弟姐妹中年纪最小的，对婚姻一事还比较懵懂。眼下趁着表姐办婚礼，她羞涩地向孙姑娘和李小娘子请教。

"除了父母之命、媒妁之言，男女准备结婚都有哪些讲究呀？"

"大致是遵循古代的婚姻六礼来的，不过我朝也有很多新的习俗。"李小娘子说。

孙姑娘补充："对，比如起草帖、回鱼筷……"

李小娘子和孙姑娘作为过来人，你一言我一语，慢慢给张姑娘科普。

按照宋朝婚礼的详细流程，男方需要先写一个草帖子送到女方家，女方如果答应，男方就要写求婚的细帖了。帖子里需要写明男方的家庭情况，包括父亲、祖父等三代人的姓名、田地、财产、官衔等,然后去给女方家送酒礼,这个酒叫作"许口酒"。女方收下酒礼,需要回赠两个水瓶,里面是用清水养着的三五条活鱼,一双筷子,称作"回鱼筷"。完成这些步骤,男方就要给女方家送定亲礼了。

张姑娘眨着大眼睛,一脸天真:"竟然有这么多流程啊!"

"这些只是开胃菜,重头戏在后头呢。"孙姑娘说,"你和王士子见过面,双方家里也赞同这门亲事,这就省去了很多不必要的麻烦。如果是不认识的人议亲,还有一个相亲的过程。男方家需要派出一个长辈去女方家,相亲满意了才会提亲。"

李小娘子说:"像你这样的白富美,王士子家肯定求之不得。你就等着他们家找人上门说媒吧。"

说媒是古代婚礼中必不可少的一部分。有意思的是,宋朝的媒人还分等级,上等媒人会戴盖头,穿紫色的"背子";中等媒人戴冠子和黄色的包头巾,手里拿一把青色遮阳伞。职业装一穿,大家都能猜出她们的身份。

听李小娘子说完,张姑娘忍不住笑了:"哈哈,这么有趣啊。媒人还有职业装?"

孙姑娘也笑了:"我朝人民就是这么讲究!"

"那说媒之后呢?"

"当然是下彩礼啦。等下完彩礼,两家就该商议婚期,给你们定良辰吉日了。"

结束这一系列复杂的流程,新郎和新娘只需甜蜜地等待成婚了。孙姑娘和李郎、李小娘子和赵公子,就都处于这种状态。

闲聊完,李小娘子站起身,对孙姑娘说:"好啦,我该回去复命了,我哥还等着我把回礼带回去呢。你今晚就好好休息,睡个美容觉,明早漂漂亮亮地出嫁。"

"知道啦。你稍等一下,我大嫂已经帮我把回礼准备好了,我让人去叫她。"

不一会儿,孙姑娘的大嫂就吩咐仆人把回礼拿了过来。除了准备回礼,她还得跟李小娘子一起去李家,因为她负责带人帮妹妹"铺房",要把妹妹的嫁妆在新房一一陈列好。铺房也是宋朝婚礼习俗之一。

张姑娘爱凑热闹,一听有这样好玩的事,提出要一起去。于是,孙家大嫂、张姑娘,还有李小娘子带着仆人们一同去了李家。孙姑娘伸了个懒腰,准备回房做个婚前美容。

📖 小知识

1. 古代婚礼一般都遵循由周朝传下来的旧制,称作"六礼"。如《仪礼》记载:"昏有六礼,纳采、问名、纳吉、纳征、请期、亲迎。"

2. 宋朝的法定结婚年龄是男子十五岁,女子十三岁。如《宋刑统》:"男年十五,女年十三以上,并听婚嫁。"

3. 宋朝婚礼习俗,结婚前一天男方家要去女方家"催妆",女方家要去男方家"铺房"。这一系列礼仪在《东京梦华录》中有详细记载:"次过大礼,先一日,或是日早,下催妆冠帔、花粉,女家回公裳、花幞头之类。前一日,女家先来挂帐,铺设房卧,谓之'铺房'。"

4. 古代男女成婚,需遵循"父母之命、媒妁之言",这一制度几乎贯穿整个封建时期。如《孟子·滕文公下》:"不待父母之命、媒妁之言,钻穴隙相窥,逾墙相从,则父母国人皆贱之。"

在最好的年华，我们缔结良缘

天还没亮，孙姑娘在梦中被侍女摇醒了。她迷迷糊糊的，没反应过来是怎么回事。侍女提醒她："姑娘，今天可是你嫁人的大日子，你得起来梳妆打扮了哟。"

孙姑娘这才猛然反应过来，赶紧起床穿衣服。

新娘的妆容和头饰都很复杂，几个人围着孙姑娘收拾了半天，总算帮她梳妆完毕。孙姑娘看着镜子里的自己，不得不说，比平时的她好看多了。怪不得她大嫂总跟她说，女孩子出嫁那天是最美的。

收拾完毕，孙姑娘穿着嫁衣去拜祭了祖先，然后拜别父母。因为从这一天开始，她就不只是父母的女儿，也是别人家的媳妇啦。

在孙姑娘拜别父母的同时，李家的迎亲队伍已经抵达孙家大门口。门外吹吹打打，锣鼓喧天，引得附近的人家全都跑出来看热闹。这样的气氛持续了好一会儿，孙家的大门终于开了。新娘子穿了一身青色的婚服，由侍女搀扶着走出来，她的婚服，布料十分华丽，上面绣着精美的图案。

孙姑娘上了轿，乐声再起，热闹的气氛更甚。不过抬轿子的人像是故意逗大家玩一样，吵吵闹闹，就是不肯走。当然，这也是宋朝婚礼的习俗之一，他们并非真的不肯起轿，而是在讨"利市"，也就是成婚人家给的喜钱。

孙家的侍女见此情形，赶紧给轿夫们送上早就准备好的喜钱："大吉大利，来，各位收下利市，辛苦啦！"

"谢谢新娘子，走，起轿——"轿夫们喜笑颜开，开开心心抬轿子出发了。

从孙家到李家这一路上，锣鼓声、乐曲声，此起彼伏。看热闹的人越来越多，大家都在讨论，到底是哪两家结亲，排场也太大了！这仪仗队比普通人家多三倍不止。

轿子终于到了李家大门口。这儿的热闹程度丝毫不亚于新娘家，围观的人似乎更多一些，他们拦着轿子，嬉笑着说吉利话，问新娘子家讨利市，都想图个喜庆。在孙家侍女发利市钱的同时，有人捧着装粮食的斗子出来了。这个人就是占卜问吉的阴阳生，只见他把斗子里的粮食撒向李家大门，一边撒一边祈福。这一习俗源自民间，传说可以压住煞神，使婚姻更加美好。

一系列仪式结束，孙姑娘在侍女的搀扶下出了轿子。之所以需要有人搀着新娘子，是因为她必须得在地上的青布条上行走，不能碰到地面。此外还有一个拿着鸳鸯镜的人，引导她倒着跨过马鞍、干幕草和一杆秤。

虽然在婚礼前就被告知了这一套流程，但是真到了实践的时候，孙姑娘还是累得晕乎乎的。她头上的冠子有好几斤重，身上的衣服也不轻……果然啊，美丽是要付出代价的，越盛大的婚礼越累。

进了李家大门，孙姑娘被带到了一个挂着帐子的房间，她需要在床上坐着，这一习俗称作"坐富贵"。跟着孙姑娘进来的人扶她在床上坐好，喝了三杯酒，慢慢退出了房间。

孙姑娘松了口气,她好想跟李小娘子吐槽,让李小娘子做好劳累一天的心理准备——她和赵公子的婚礼就在下个月底,到时候免不了要经历一番同样的折腾。她们不愧是好姐妹,有福同享,有累同担。

孙姑娘坐着休息了会儿,房间外面的嬉闹声一直没停过。也不知过了多久,房门开了。孙姑娘的心提了起来,她有些羞涩,她知道是李郎进来了——新郎要负责把新娘请出门。

房间外面围了很多宾客,他们看见新郎新娘牵着同一块彩缎出门了,那缎子上还绾着同心结。接下来,这对新人要一同去拜祖先,然后去新房进行"夫妻交拜"仪式。

等到交拜结束,孙姑娘累得直打哈欠。她悄悄拽了拽李郎的袖子,低声问:"还有多久结束?我好累啊。"

李郎轻声安慰她:"快了,再忍忍。'合髻'仪式完了就喝交杯酒,然后你就可以休息啦。"

"那你呢?"

"我还得出去招呼客人喝喜酒啊。"

"好吧,看来你比我更累。"孙姑娘心里平衡了。

又过了一会儿,终于熬到合髻仪式结束,孙姑娘的精神一下子回来了。

"新郎新娘喝交杯酒啦。"侍女端上放了酒杯的托盘。

孙姑娘接过酒杯,面对自己的新婚丈夫,她突然觉得不累了。人这一生,能嫁给自己喜欢的人是多幸福的一件事啊,受这点儿累又算什么呢?多年后想起他们的婚礼,回忆里只有甜蜜吧。她想。

二人相视而笑,低头饮尽杯中酒。

📖 **小知识**

1. 宋朝婚礼仪式中,迎送双方的仪仗队都可雇用,所需物品也可以租赁。《东京梦华录》记载:"左右两军,自有假赁所在。以至从人衫帽、衣服、从物,俱可赁,不须借。"

2. 隋唐时期,男女婚服制式一般是"婿假穿绛色公服,妇青色钗钿礼衣",意思是新郎穿红色衣袍,新娘穿青色衣裙。北宋沿袭了这一传统,因此有"红男绿女"一说。但是到了南宋,婚服颜色出现了变化,如《梦梁录》记载:"向者迎新郎礼,其婿服绿裳、花幞头,于中堂升一高座……"也就是说,新郎也会穿绿色婚服。

3. 宋朝婚礼中的"合髻"和交杯酒仪式,在《东京梦华录》中有详细记载:"男左女右,留少头发,二家出匹段、钗子、木梳、头须之类,谓之'合髻'。然后用两盏,以彩结连之,互饮一盏,谓之'交杯酒'。"

4. 婚礼后第二天,或者三天、七天,女婿要到女方家去拜门。如《东京梦华录》记载:"婿往参妇家,谓之'拜门'。有力能趣办,次日即往,谓之'复面拜门',不然三日、七日皆可,赏贺亦如女家之礼。"